生命境界与教育智慧

作者简介

王喜旺

　　男，汉族，山西盂县人，生于 1970 年 2 月。教育学博士，教授，博士生导师。现供职于河北大学教育学院。主要研究领域为中国传统文化与教育、中国现代大学史、教育文化学。迄今为止，出版学术专著 3 部，发表论文 40 余篇，主持国家社科基金项目 1 项、教育部重点项目 1 项、省哲学社会科学规划项目 2 项，获得全国教育科学研究优秀成果奖二等奖 1 项、三等奖 2 项，河北省社科优秀成果奖二等奖 1 项、三等奖 1 项。

生命境界与教育智慧

以20世纪中国人文学术巨擘为中心的阐释

SHENGMING JINGJIE
YU JIAOYU ZHIHUI
YI ERSHI SHIJI ZHONGGUO
RENWEN XUESHU JUBO
WEI ZHONGXIN DE CHANSHI

王喜旺 等◎著

中国政法大学出版社

2019·北京

图书在版编目（CIP）数据

生命境界与教育智慧：以20世纪中国人文学术巨擘为中心的阐释/王喜旺等著. —北京：中国政法大学出版社，2019.12
　ISBN 978-7-5620-9389-3

　Ⅰ.①生…　Ⅱ.①王…　Ⅲ.①教育工作－研究－中国　Ⅳ.①G52

中国版本图书馆CIP数据核字(2019)第276263号

出 版 者	中国政法大学出版社
地　　址	北京市海淀区西土城路25号
邮寄地址	北京100088信箱8034分箱　邮编100088
网　　址	http://www.cuplpress.com（网络实名：中国政法大学出版社)
电　　话	010-58908289(编辑部) 58908334(邮购部)
承　　印	固安华明印业有限公司
开　　本	880mm×1230mm　1/32
印　　张	7.375
字　　数	150千字
版　　次	2019年12月第1版
印　　次	2019年12月第1次印刷
定　　价	46.00元

前　言

在中国教育史研究中，目前已经开辟出教育思想史、教育制度史、教育活动史三条道路。这对于奠定中国教育史研究的基本知识格局和认识框架，是有着积极意义的。不过，这一认知框架带来的弊病是，人们往往将中国教育史研究视为三条互不关涉的路径，只是沿着其中的某一条道路逶迤而行，浑然忘记了三条道路是纵横交错、暗道相通的。要克服这样的弊病，一条便捷的途径是，以教育人物研究为聚焦点，将教育思想、教育制度、教育活动三个要素整合、贯通起来。在教育人物研究中，人们往往把视线投向那些世人公认的教育家，如政治家型的教育家张之洞、蔡元培等，思想家型的教育家孔子、荀子、王阳明等，专门从业型教育家蔡元培、梅贻琦、张伯苓等。对于处于边缘地带、不以教育家鸣世的人物，人们却往往弃之不顾。这带来的偏向是，许多与世俗化的、主流的教育智慧不同的，却对世俗化、主流的教育智慧具有丰富的、校正意义的教育智慧处于遮蔽状态，中国教育历史的丰富性、复杂性被阉割了。在中国现当代教育史研究中，这样的问题更是突出。为了扭转这样的局面，亟须有识之士把目光的焦点投向那些处于边缘地带、甚至"黑暗"地带的教育者。这些教育者

·001·

虽然没有教育家之名，但由于其独特、丰富、对学生影响深刻的教育智慧，从而有着教育家之实。近十年来，笔者在自觉的学术转向意识的指引下，带领一批研究生，便做了这样的工作。虽然由于种种条件的限制，我们仅仅把目光的焦点集中在了中国现当代史上的一些人文学术巨子身上。但我们追寻另类的、边缘的、尚处于"无名状态"的教育者之教育智慧的学术追求，是一以贯之、昭然可见的。在对这些中国现当代史上人文学术巨子的教育智慧的追寻中，我们不难看到此类教育者身上共性的、独特的、足以耀人眼目的教育智慧。

目 录
CONTENTS

第一章
对中国人文学术巨子生命境界与教育智慧的探寻何以必要

在既往的人文学术研究中，对于本著作中涉及的陈寅恪、王瑶、朱德熙三位学术巨子的研究，其思考脉络基本上限定在史学史、语言文学史、学术史、文化史领域。教育史视角的审视，成果甚少。即使有教育史视角切入的成果，也只是关注其教育实践的一些特点，没有将其生命境界与教育智慧勾连起来，透视生命境界与教育智慧的血肉联系。对此，我们有必要做如下展开。

第一节 语言文学史领域的考察

从语言文学视角切入的对陈寅恪、王瑶、朱德熙的研究有不少。陈寅恪虽然是以史学大家的身份名动华夏，但是，由于其史学研究横跨文史，一些学人也将他视为文学研究者，从文学的视角对其作品进行释读。文学方面的对于陈寅恪的研究中代表性的文章和著作有：胡守为的《略谈陈寅恪先生的诗文证史》、卞孝萱的《以诗证史的典范——〈柳如是别传〉》、蔡鸿生的《从小说发现历史——〈读莺莺传〉的眼界和思路》等。这些论文或书籍通过对陈寅恪作品的分析，对其诗史互证问题进行了全面的研究，指出陈寅恪先生以诗文证史，开阔了研究历史的途径。袁荻涌的《陈寅恪与比较文学》、钱文忠的《略论陈寅恪先生之比较观及其在文学研究中之运用》等文章则对其文学比较观进行了详细的分析，文章分别论述了陈寅恪科学的比较观、兼通中西的知识储备、立体比较观的运用等。

孔庆东的《陈寅恪对文学史研究的意义》则重点从陈寅恪独立的学术精神、独特的学术方法等角度肯定了陈寅恪对文学史研究的意义；胡守为的《陈寅恪先生对唐代文学研究的贡献》则以梳理唐代的文学研究为出发点，从古文运动、新乐府、行卷、佛教文学等主题指出了陈寅恪先生对唐代文学研究所作出的重要贡献；另外，向燕南、杨树坤的《试析陈寅恪晚年"著书唯剩颂红妆"的原因》，胡晓明的《关于〈柳如是别传〉的撰述主旨与思想寓意》等文章则对《柳如是别传》的写作缘由与寓意进行了详细的分析，如阐发独立之精神、自由之思想、移情忘却现实之痛苦、抒发兴亡之感慨、自验学术之深浅等。

王瑶作为公认的中国"新文学"研究的奠基者，其文学史家的定位是没有争议的，因此，从文学视角切入的对王瑶的研究，成果最为丰富。以下从两个方面简要梳理目前的研究成果：

第一，对王瑶文学史著作的特色与价值的研究。如罗伟和袁晓露的《"真诚"与"疑惑"——由王瑶〈中国新文学史稿〉看文学史写作》、高玉的《论王瑶〈中国新文学史稿〉的学术品格》、温儒敏的《王瑶的〈中国新文学史稿〉与现代文

学学科的建立》、樊骏的《论文学史家王瑶——兼及他对中国
现代文学学科建设的贡献》、黄修己的《〈中国新文学史稿〉
的历史地位》等。以上论文的观察点涉及《中国新文学史稿》
写作的社会背景、作者的写作情感、文章彰显的学术品格和作
品的学科奠基意义及其史学地位。

第二，对王瑶文学史研究方法的研究。相关成果有：孙玉
石的《王瑶的中国文学史研究方法论断想——以〈中古文学
史论〉为中心》《开拓者与世纪性的学术品格——作为文学史
家的王瑶先生》；钱理群的《王瑶先生文学史理论、方法描
述》《王瑶先生的研究个性、学术贡献与地位》；王依民的
《文化焦点·心态·文学史——从〈中古文学史论〉谈起》。
这些论文侧重对王瑶文学史研究方法论的研究。

孙玉石和钱理群都是王瑶先生的及门弟子，追随先生求
学，对先生的治文学史的方法论精髓有相当深入的了解。孙玉
石在《王瑶的中国文学史研究方法论断想——以〈中古文学
史论〉为中心》一文中探讨了王瑶先生在文学史研究领域中
科学的实证精神和方法。在此文中，他从四个方面探讨了王瑶
的《中古文学史论》一书在方法论上的创新与实践。文末，
孙玉石指出："王瑶先生的《中古文学史论》虽然不是一部完
整的文学史，而是一部断代的文学史论，但它所体现的现代的
科学的实证精神和方法，因为做到了历史的与现实的结合，贯
注了历史唯物主义的精神，就不仅具有很强的现实的当代性，
而且具有启示于学术进一步发展的未来性。"[1] 在王瑶的学

---

〔1〕　孙玉石：《王瑶的中国文学史研究方法论断想——以〈中古文学史
论〉为中心》，载《中国文化研究》1995 年第 4 期。

生辈看来，先生文学史研究的方法论是值得继承并发扬的，他在古典文学领域的成就，除相继问世的有关著作外，重要的就是对过去文学史研究方法优点的继承与创新。钱理群在上面提到的他的两篇文章中，也对王瑶文学史的研究方法做过相应的评价与论述。《王瑶先生文学史理论、方法描述》一文重在总结和梳理文学史的理论与方法。《王瑶先生的研究个性、学术贡献与地位》一文，就王瑶文学史研究的个性特色、贡献及其地位作了精辟阐释。其主要观点是，王瑶先生之所以能在文学史研究的方法论上有大的突破与创新，得益于先生"学通古今"的学术素养。"学通古今"即为其独特的学术个性。这一独特学术个性，使他成为学术界公认的中古文学的开拓者和现代文学的奠基人；使他在以现代观念阐释古典诗文时，得以显示出其论点之"新"；使他在以古典修养评论现代文学时，得以显示出其功力之"厚"。因此，王瑶的学术修养与学术训练决定了他独特的研究方法和风格，奠定了他在中古文学和现代文学两个研究领域令人敬仰的学术地位。

较之以上对王瑶文学史研究方法的宏观把握，王依民的《文化焦点·心态·文学史——从〈中古文学史论〉谈起》一文，则是从微观角度，就王瑶《中古文学史论》写作中对研究对象的灵活选择作了深刻论述。文章指出，王瑶先生善于把握诸多文学现象中的"典型现象"，舍弃了面面俱到的评说，而是抓住了几个突出的文化现象"小题大做"。《中古文学史论》一书的成功之处，就在于其中的三个篇章《政治生活情况与文士地位》《玄学与清谈》和《论希企隐逸之风》抓住了魏晋文化中的"典型现象"。鲁迅先生就特别擅长通过对"典型现象"的研究，来透视大环境下各种因素之间的复杂关系。

王瑶对鲁迅这一史学方法的借鉴与应用，使他的《中古文学史论》一书写出了特色，其学术价值也得到一致的肯定。

朱德熙是著名的语言学家，因此，对于其语言学方面的研究，研究者关注甚多。对于这方面的研究成果，我们可以从以下几方面来看。

第一，关于汉语语法方面的研究。朱德熙在语法方面的贡献突出，著述相对较多，如《语法讲义》《语法答问》《语法修辞讲话》等。因而学界在这方面的研究成果也颇丰，这主要分为以下几类：

其一，与汉语词类相关的研究。《朱德熙先生的汉语词类研究》对朱德熙的词类研究进行了总结，指出了其中的贡献与不足。文章表明朱德熙最早提出"指称"和"陈述"这些概念，并用它们给谓词性主语进行分类，而且他指出了指称和陈述的区别与转化。但是朱德熙在功能表述中没有提及"修饰"这一功能，没有将其与词类相联系。关于汉语词类的划分，朱德熙主张只能以词的分布为依据，并未指出词类的本质就是分布类。词类与句法成分之间不是一一对应的关系，但这限制在一定的范围内。形容词分为性质形容词和状态形容词两类，除了在定语和状语功能方面，朱德熙对它们的差异区分大致准确。《吕叔湘、朱德熙词类观之比较》从词类的划分标准、词类的具体划分以及词的兼类三方面对吕叔湘和朱德熙的词类观进行了比较分析：吕叔湘认为词类的划分问题是相对复杂的，划分词类的参考标准之一是词义，但是他没有指出具体的划分标准。朱德熙在《语法讲义》和《语法答问》中论述了词类划分的标准，即依据词的语法功能划分词类。吕叔湘说"虚、实两类的分别，实用意义也不很大"，依据词的功能，他将词类分为体词、谓词和小词三类。无论是在功能方面还是在意义方面，朱德熙都认为要对实词和虚词进行分类。他把实词分为两类：体词和谓词，同时又在形容词中分出了状态词和区别词等。吕叔湘和朱德熙在词类观上既有分歧又有相通之处。

其二，与语法研究特点相关的研究。《中国转型语法学——基于欧美模板与汉语类型的沉思》在第三章的第三节中对朱德熙的结构语法学进行了论述。该节通过对朱德熙的词法、句法、显性和隐性以及词组本位观的研究，总结出朱德熙汉语结构语法学的主要特色。其认为朱德熙汉语结构语法学特色有二，分别是语法形式和语法意义之间存在对应关系、朱德熙对词组本位语法体系的建构。《汉语语法变换研究》专辟一节考察了朱德熙提出的变换分析的平行性原则，这一原则是对哈里斯的"可接受性排列次序"的发展，同时朱德熙也区分了高层次语义关系和低层次语义关系。《朱德熙语法研究中的结构主义倾向及特点》从六个不同的角度对朱德熙的语法研究进行探析，作者认为在语素分析中，朱德熙将"的"作为语素来对待，体现了他的结构主义倾向。分布理论原是用于对语音的描写，而朱德熙却将这一理论运用于汉语的句法中，这与后期的结构主义分布理论是一致的。朱德熙借鉴直接成分分析法对汉语语法的结构进行剖析，这在《句法结构》《现代汉语语法研究》和《语法讲义》中均有体现。吴颖的《从〈语法讲义〉和〈语法答问〉看朱氏语法研究的特点》从《语法讲义》和《语法答问》这两本著作中概括出朱德熙语法研究的四个特点，即朱德熙吸收国外的语法理论和方法，对自己的理论进行补充和完善；他主张客观地看待汉语，正视汉语语法的特点；注重语法形式和意义的结合；他对语言现象观察细致，对语法现象描写更为细腻。

其三，对朱德熙语法思想的综合研究。《朱德熙先生最重要的学术遗产》指出，朱德熙最重要的学术遗产是摆脱印欧语的干扰，用朴素的眼光看待汉语。他揭示出汉语独有的特点，建立起词组本位的语法体系，同时提倡语系建立要简明自然且严谨。《论朱德熙的语法思想》主要论述了朱德熙对汉语语法特点的认知以及他的词组本位观和研究方法。他认为语法研究中要辨别结构、语义和表述三者之间的关系，要重视对汉语语法的全面探究。朱德熙的语法思想既受到了国外理论方法的影响，又借鉴了国内前辈的研究硕果。赵红玲的《朱德熙语法思想研究》对朱德熙的汉语语法特点、语法研究中的词类观、词组本位观以及其采用的研究方法进行了系统梳理，进而探究朱德熙语法思想的来源，寻求其语法研究成就斐然的缘由。《朱德熙语法研究综论》以《语法讲义》为核心展开论述，该文较赵红玲的论文独特之处在于对朱德熙词缀、句法和句子的研究，同时指出了朱德熙在语法研究中的成就与不足。《浓缩学术精华，尽展大师风采——评〈20 世纪现代汉语语法八大家之朱德熙选集〉》通过评价《朱德熙选集》，阐释了朱德熙的语法观，认为这体现出朱德熙治学严谨、执着于科学的精神。

第二，关于汉语方言方面的研究。《北京话、广州话、文水话和福州话里的"的"字》《潮阳话和北京话重叠式象声词的构造——为第十五届国际汉藏语言学会议而作》《汉语方言里的两种反复问句》《在中国语言和方言学术讨论会上的发言》和《"V-neg-VO"与"VO-neg-V"两种反复问句在汉语方言里的分布》是朱德熙在汉语方言方面的五篇重要的论文。侯精一在《朱德熙先生在汉语方言研究上的贡献》中，以这五篇论文为基础，概述了朱德熙在汉语方言研究方面的功绩。在方言研究中，朱德熙突出语言构造的规律，如重叠式象声词的构造规律；而且重视对方言现状与历史的比较，其独特之处在于进行跨学科比较；朱德熙能对自己已有的观点提出质疑，必要时进行修正，这无疑表明他在研究中的求实态度与严谨学风。《朱德熙方言语法和方言分区研究述评》主要就汉语方言语法和方言分区对朱德熙的功绩进行了评述，其主要观点是：由于时代的局限和思想的落后，汉语方言语法在20世纪80年代前不为学者所重视，而朱德熙在70年代就开始关注方言语法，并开创了方言语法研究的新道路。此外，朱德熙还提出汉语方言分区的方法论，主张分区的标准越简单越好，并主张检验方言分区的标准要依据各方言之间的区分度。

第二节　文化史与学术史领域的考索

受20世纪文化热和学术史热的影响，在20世纪八九十年代，一些学者注重从文化史和学术史的视角对人文学术巨子进行研究。其中，陈寅恪和王瑶便是学者们关注的重要对象。从文化史的视角切入的对陈寅恪的研究，著作和论文均有。其代表性著作有刘克敌的《陈寅恪与中国文化》、王元化的《思辨随笔》《清园夜读》等。在这些著作中，研究者对陈寅恪的思想给以鸟瞰式的评价分析，并从陈寅恪对中国知识分子的认知与评价、陈寅恪与曾国藩等人的文化承继关系、陈寅恪的中国文化思想等方面进行了探讨。其代表性论文，分别是从思想的文化意义、学术精神的文化意义、巨门望族与文化等视角进行的研究。褚孝泉的《从陈寅恪〈与刘叔雅论国文试题书〉谈起》、傅璇琮的《陈寅恪思想的几点探讨》等，试图探讨陈寅恪思想中内蕴的中国文化特征。刘梦溪的《以诗证史　借传修史　史蕴诗心——陈寅恪撰写〈柳如是别传〉的学术精神和文化意蕴及文体意义》，则从"文化托命"的角度探讨陈寅恪的学术精神对现代中国文化的影响。张求会的《陈寅恪的家族史》、叶绍荣的《陈寅恪家世》则重点从家族史角度描述了家族在中国文化发展中的突出作用，具有较高的史料价值和研究价值。刘经富的《陈三立一家与庐山》以名人与名山的关系为视角探讨中国文化问题，通过对陈寅恪家族的剖析来揭示中国文化中家族对社会与文化发展的作用，以及文化世家对中国文化的传承、演变与发展的影响等。

对于王瑶，既有的研究成果主要是从学术史视角切入的。对中国 20 世纪百年学术变迁的历史思考是王瑶生前主持的最后一项学术工作，因主编王瑶的过早去世，其没能亲自执笔完成对全书具有提纲挈领意义的前言；所幸课题组的成员不负众望，最后完成各自承担的章节，陈平原依据王瑶先生的研究思路，代为完成前言的写作。《中国文学研究现代化进程》一书是这一项学术工作最终的研究成果，尽管此书因没有先生的执笔多少有些遗憾，但它的完成终使先生最后的学术设想得以实现，也算是告慰了先生的在天之灵。夏中义在《清华薪火的百年明灭——谒王瑶书》一文中说："后辈是把先生尊为'清华薪火'第三代传人才函谒的。"[1] 从梁启超、王国维、陈寅恪等第一代学人，经冯友兰、吴晗、闻一多、朱自清等第二代学人之手传到第三代，王瑶正处于学术传承第三代的位置。夏中义分析了王瑶学术道路上所经历的曲折及其内心纠结，并且认定王瑶最后的一项学术工作（"20世纪百年学术史的思考"）是他摆脱多年的内心纠结，以纯正学人姿态投入其中的一次"衰年变法"。夏中义的另一篇文章《王瑶：学术先觉与心灵痛史》，肯定了王瑶"学术史"概念的提出开启了一个有关学术大讨论的时代，启迪了后辈学人对"学术史""学术规范""学统"精神的思考。陈平原的"学人角色自觉"是对王瑶"学术史"意识的很好继承。夏中义肯定了王瑶"学术史"研究的价值，并且从学术史的角度，视王瑶为学术传承中的一个传递手，认为其对学术的百年传承发挥了重要作用。

第三节　史学史领域的探索

在陈寅恪、王瑶、朱德熙中，陈寅恪是唯一以史家身份鸣世的。因此，从史学史视角切入的研究，主要集中在陈寅恪身上。在这一视角的陈寅恪研究中，主要是从史学思想、史学方法、史学范围等方面开展的。其史学思想的研究成果主要有：王永兴的《陈寅恪先生史学述略稿》、李玉梅的《陈寅恪之史学》、刘梦溪的《"有教无类"——论陈寅恪先生的种族与文化观点》、余英时的《陈寅恪史学三变》、许福谦的《从文化

---

[1] 夏中义：《清华薪火的百年明灭——谒王瑶书》，载《当代作家评论》2000年第2期。

与民族关系看东魏北齐的胡汉之争——学习寅恪先生民族与文化学说之偶得》、张岱年的《陈寅恪先生关于思想史的卓识》、胡戟的《陈寅恪与中国中古史研究》等。它们从不同角度对陈寅恪的史学思想进行了阐释，主要观点包括：求真实供鉴戒、种族与文化观、宗教与政治关系、贬斥势力尊崇气节及重视社会经济的重大作用等。

关于陈寅恪治史方法的研究，代表性的著作和文章主要有：李玉梅《陈寅恪之史学》、卞僧慧的《试述陈寅恪先生治学特点》、汪荣祖的《陈寅恪与乾嘉考据学》、刘克敌的《略论陈寅恪的治学观》、刘梦溪的《一代文化所托命之人——陈寅恪先生的学术创获和研究方法》、王永兴的《略谈陈寅恪先生的治史方法》、胡守为的《陈寅恪先生的史学成就与治史方法》《陈寅恪先生的考据方法及其在史学中的运用》、卢向前的《陈寅恪先生之史法与史识》、刘健明的《论陈寅恪先生的比较方法》、朱溢《陈寅恪中国中古史理论体系的建立》等。它们从治学方法的角度对陈寅恪进行研究，详细客观地论述了陈寅恪的治学方法，如坚持学术独立、兼涉中西的史法、诗文证史、精于考据、继承乾嘉而又超越乾嘉等。

对于陈寅恪史学范围的拓展方面的研究，姜伯勤的《陈寅恪先生与敦煌学》、蔡鸿生的《陈寅恪与中国突厥学》、王尧的《陈寅恪先生对我国藏学研究的贡献》、蔡美彪的《陈寅恪对蒙古学的贡献及其治学方法》、陆庆夫与齐陈骏的《陈寅恪先生与敦煌学》等文章指出，陈寅恪的研究对于敦煌学、中国突厥学、藏学、蒙古学等领域具有重大贡献及开拓意义。另外，还有学者对陈寅恪在近代史研究上的开拓之功做过评述。如刘克敌的《论陈寅恪的中国近代史研究》。该文以陈寅恪的学生石泉硕士毕业论文《甲午战争前后之晚清政局》为参考材料，详细论述了陈寅恪对中国近代史研究的贡献，特别是其对慈禧太后、甲午中日战争、光绪帝与康有为等的不为人知的面相的独特解读。

第四节　教育史领域的尝试

针对 20 世纪中国的人文学术巨擘，教育史视角的研究虽然有限，但也不是乏善可陈。从目前笔者已经检索到的成果来看，涉及研究陈寅恪教育实践的文章和著作主要有：刘晓东的《陈寅恪：一个教育学问题》、黄修明的《"我是教书匠！"——陈寅恪大师风范》、邵盈午的《学深如海爱心似火——论作为"教授的教授"的陈寅恪》、温兆亮的《实事求是是科研的生命——读陈寅恪先生〈某学生论文评语〉》。

刘晓东的《陈寅恪：一个教育学问题》共分为两大部分：第一部以时间为线索，线性地叙述了近代以来直到"文革"初期中国教育思想的变迁历程，为研究陈寅恪教育思想进行了大背景的梳理。在这一部分，作者又分三章，详细地论述了传统教育体制的没落、中国近代教育体制的重构以及辛亥革命以后中国民族教育曲折发展的过程；第二部分则完全从教育的角度全方位地论述了陈寅恪的教育思想，这一部分也分为三个章节。第一章以时间为线索叙述了陈寅恪求学国外到任教清华大学、西南联合大学、香港大学、岭南大学的经历；第二章详细分析了陈寅恪的哲学思想、文化观、人生观等；第三章则从教育理论的角度研究了陈寅恪的教育思想，这一章涉及陈寅恪的教育功能观、成才观、教学观、师生观、学风观、教学价值观等。总的来说，这本书与以往研究陈寅恪的文章不同，该书是专门从教育学的角度来研究陈寅恪的著作，其在这方面具有开创性，同时这本书还给我们提供了丰富的史料。但是，细读下来，本书只是就教育论教育，并未对陈寅恪独具特色的教育智慧进行深层次的挖掘，没有把陈寅恪这样一位史学家、教育家的丰富思想完全表现出来。而且第一部分花费大量篇幅描写了从近代到"文革"初期这段时期的教育背景，难逃"喧宾夺主"之嫌。

　　黄修明的《"我是教书匠！"——陈寅恪大师风范》、邵盈午的《学深如海爱心似火——论作为"教授的教授"的陈寅恪》、温兆亮的《实事求是是科研的生命——读陈寅恪先生〈某学生论文评语〉》等论文围绕陈寅恪的教学经历、教学态度、教学观念、教学方式、教学风范、师生关系、学术独立等内容作了探讨。但遗憾的是，这些论文基本上都是对陈寅恪教育实践活动的史实描述，没有深层次地追问那些决定陈寅恪教学态度、教学观念、教学方式等的复杂因素。这就造成了此类论文深度不够、学科视角单一等缺陷。

　　对于朱德熙的研究，也有教育史视角的成果。《朱德熙在对外汉语教学史上的贡献述略》就对朱德熙的对外汉语教学相关史料进行了整理分析。该文讲述了朱德熙在保加利亚编写汉语教材以及开课和授课的情况，归纳了他在对外汉语教学工作中发挥的巨大作用。《对外汉语教学的开路先锋——记朱德熙先生》从学生的角度对朱德熙的课堂教学和对外汉语教学经验进行了论述，如提到朱德熙的诲人不倦，积极支持《学汉语》的创刊等。以上文章有助于深入了解朱德熙在保加利亚的教学过程，也为本研究提供了资料基础。《汉语教科书》

是朱德熙和张荪芬共同编著的一部对外汉语教材。《对外汉语教材理论与实践探索》在"一部值得关注的汉语教材——朱德熙的《汉语教科书》"一节中，按照《汉语教科书》的内容和编写形式、教科书中体现的语言观和对外汉语教学思想、编写该教材的指导意义这一脉络，系统阐释了《汉语教科书》的价值。尽管《朱德熙、张荪芬编著〈汉语教科书〉评介》和《汉语教材编写的本土化特征——基于〈汉语教科书（1954）〉与通用性教材、"一本多版"的比较》使用的研究方法不同，但它们都着重于考察《汉语教科书》的特点，如《汉语教科书》的编写具有本土化特征，其内容选择和编排与以往的汉语教材不同等。

朱德熙自谦对中学语文教学没有过多的研究，但他却很关心中学语文教育，对之有过一系列的论述。因此，从语文教育的视角切入，对朱德熙也有一些研究成果。《朱德熙的语文教学观》充分肯定了朱德熙的语文教育思想。文中认为，朱德熙非常重视中学语义的价值，强调语文学科的工具性和实用性；尤其在作文方面，朱德熙主张写作要准确实用，修改要细致具体；语法教学要与阅读和写作相结合。《语言学家笔下的作文指导书——朱德熙〈作文指导〉的贡献与局限》依章节顺序对《作文指导》中朱德熙的语文贡献进行了评介。其主要观点是，《作文指导》有自己的特色，它重视词汇、句子和标点，倡导写作既需要一定的技巧，又需要学生观察生活、体验生活等。当然，《作文指导》也有时代的局限性，如书中的语言学色彩较为浓厚。《不要宽容自己——朱德熙教授谈写作》以作者听朱德熙的一堂写作课为中心展开，该文认为，朱德熙写作时对自己要求严格，每写一句话都要读几遍。而且朱德熙提倡在写作过程中要独立思考，给自己的文章挑刺，不断提高自身的写作水平。该文虽然论述简短，但却在课堂实践方面为本研究提供了重要参考资料。《商榷的商榷——兼为朱德熙先生答辩》与《从"命题作文"谈起——兼与朱德熙先生商榷》，分别就朱德熙发表的《高考语文试题和中学语文教学》中命题作文是否能反映考生的实际水平，命题作文在今后是否应被摒弃等问题各抒己见。《商榷的商榷——兼为朱德熙先生答辩》认为命题作文在一定程度上易助长猜题、套题等不良风气，而《从"命题作文"谈起——兼与朱德熙先生商榷》则认为朱德熙意在批判命题作文的错误导向。

　　综上所述，我们可以断言，如果从研究的视角来看，上述著作和论文多是从史学史领域、语言文学史领域、文化史、学术史等视角对陈寅恪、王瑶、朱德熙等进行研究。虽已初步打开了教育史的研究视角，但与别的研究视角相比，这方面的研究还很薄弱。尤其是对陈寅恪、王瑶、朱德熙等高远的生命境界、独具特色的教育智慧及其关系还没有深度触及。在笔者看来，这些深层次的研究和探讨是目前亟待去做的。因为这些问题的解决关系我们能否真正深层次且系统地发现陈寅恪、王瑶、朱德熙等独特的生命境界对其教育智慧的决定意义，同时研究成果也将为我们当代大学教育的变革提供别样的思想资源。

第二章
陈寅恪的生命境界与教育智慧

第一节 一代鸿儒的智慧境界与生命情怀

一、"学海寰赢汇"

（一）精深广博的知识

在 20 世纪学术史上，陈寅恪无疑具有独一无二的地位。陈寅恪治学融史学、文学、哲学、语言学于一炉，虚实结合，令人叹服。对陈寅恪治学总的概括可以说是："博矣，精矣，几若无涯岸之可望，无辙迹之可寻。"[1] 虽然这句话是陈寅恪用来赞扬王国维的，但用在陈寅恪身上也一点都不为过。他的学生许世瑛曾谈道："寅恪师学问渊博而精湛，有许多的教授也经常来旁听，清华园中的人凡有疑难不能解的问题（属于文学和史学的）都向他请教，他一定会给质疑的人一个满

---

〔1〕 陈寅恪：《陈寅恪集》，生活·读书·新知三联书店 2001 年版，第 248 页。

意的答复，所以大家都奉他为'活字典''活辞书'。"〔1〕姜亮夫曾谈道："陈寅恪先生广博深邃的学问使我一辈子也摸探不着他的底。他的最大特点：每种研究都有思想作指导。听他的课，要结合若干篇文章后才悟到他对这一类问题的思想。他的比较研究规模很大，例如新旧唐书的比较，有的地方令人拍案称奇。……"〔2〕不仅学生对陈寅恪叹服不已，就连当时声名颇著的学者都对其敬慕不已。当时鼎鼎大名的哲学家冯友兰在西南联大教课期间，每当陈寅恪上中国哲学史课的时候，冯总是十分恭敬地跟着陈寅恪从教员休息室里出来，边走边点头听陈寅恪讲话，并一直恭送陈寅恪到教室门口，才对其深鞠一躬。吴宓在1919年4月25日的日记中写道："陈君中西学问皆甚渊博，又识力精到，议论透彻，宓倾佩至极。"〔3〕1942年12月，被誉为"汉圣"的著名学者杨树达曾写道："朋友独畏陈夫子，万卷罗胸未肯忘。"〔4〕可见杨氏在此表达的也是对陈寅恪学识的钦佩。傅斯年也曾说过陈寅恪在汉学上的素养不下钱晓徵（大昕）的话。"有清一代三百年，学问家之渊博，当首推钱氏。而汉学之外，陈寅恪更有丰厚的西学素养。过去人们盛传陈寅恪懂十几种甚至二十几种中外文字……"〔5〕

〔1〕　张杰、杨燕丽选编：《追忆陈寅恪》，社会科学文献出版社1999年版，第116页。

〔2〕　张杰、杨燕丽选编：《追忆陈寅恪》，社会科学文献出版社1999年版，第71页。

〔3〕　吴宓：《吴宓日记》（第2册：1917—1924），生活·读书·新知三联书店1998年版，第28页。

〔4〕　王川：《学界泰斗：陈寅恪》，广东人民出版社2006年版，第101页。

〔5〕　刘浦江：《正视陈寅恪》，载《读书》2004年第2期。

陈寅恪的学问不仅广博而且精深。他有深厚的国学根基，并融通西方研究之法、通晓多国文字。"俄人在外蒙发掘到三个突厥碑文，学者纷纷研究，但均莫衷一是，不懂不通，陈先生之翻译解释，各国学者毫无异辞，同声叹服。唐德宗与吐番之唐番会盟碑，许多学者，如法国之沙畹、伯希和等人均无法解决，陈先生之翻译也使国际学者满意。"[1] 一位历史学家感慨地说："作为一个隋唐史研究者，我没有办法不对陈先生又敬又畏，研读陈先生著作时所抱的心情，虽然有如到西方求法的唐僧，但拿起笔来希望发挥点私见的时候，却往往发现自己变成了孙悟空，不容易跳出陈先生论学的五指山"。[2] 而更令世人啧啧称奇的是，晚年的陈寅恪在目盲体衰、极度困难的情况下，凭借头脑中已经积累的知识，完成了近百万的著作。《论再生缘》和《柳如是别传》两部著作完全是陈寅恪在目盲的情况下口授而由助手笔录而成的。史学著作以研究人物和历史事变为主线，因此，这就要求研究者必须对史料进行甄别、考证来复原当时当地的历史文化形态和结构，可见陈寅恪对典籍的熟识程度之高，这不能不说是世界上的一个奇迹。1958年郭沫若在给北京大学历史系师生的信中提出："就如我们今天在钢铁生产等方面十五年内要超过英国一样，在史学研究方面，我们在不太长的时期内，就在资料占有上也要超过陈寅恪。"[3] 郭沫若是声名显赫的历史学家，能令他口出此语，

〔1〕 张杰、杨燕丽选编：《追忆陈寅恪》，社会科学文献出版社1999年版，第87页。

〔2〕 刘浦江：《正视陈寅恪》，载《读书》2004年第2期。

〔3〕 许冠三：《新史学九十年》（卷四），香港中文大学出版社1986年版，第270页。

可见陈寅恪史学功底非比寻常。这正如刘梦溪所说："郭沫若原本是要大家通力合作一起来创造学术奇迹，结果却反证陈寅恪是不可动摇的史学奇迹创造者。"[1]

（二）深刻敏锐的思维

1. 敏锐的洞察力

陈寅恪早年的学生季羡林讲过："陈先生不用僻书，而能发现人家视而不见的问题，也就是'发古人未发之覆'。而且他用过的材料都是在别人看来很平常的材料，他讲过，他用的材料都是大路货。"[2] 德国一位学者对陈寅恪书中使用的正史做了统计，他说："《唐代政治史论述稿》中正史的引用率超过七成；其余碑刻、诗文等，占三成，可以说是三七开。靠别人都可以看到的材料而写出新意，就在于他敏锐的洞察力，他能通过别人习以为常的材料中，洞察到事实的真相。"[3] 翁同文也曾谈道："盖史料向来有笔直、曲直、隐笔之别，一般史家率多直笔史料的述证，限于搜集、排比、综合，虽能以量多见长，以著作等身自负，但因昧于史料的隐曲面，其实只见其表，未见其里，有时难免隔靴搔痒之讥。惟陈师于人所常见之史料中，发觉其隐曲面。"[4] 可见，陈寅恪治史，往往是从大处着眼，却每从小处着手，从普通人所常见、不为注意

---

〔1〕 刘梦溪：《陈寅恪的"自由"与"哀伤"》，载《银行家》2007年第9期。

〔2〕 王川：《学界泰斗：陈寅恪》，广东人民出版社2006年版，第45页。

〔3〕 王川：《学界泰斗：陈寅恪》，广东人民出版社2006年版，第46页。

〔4〕 张杰、杨燕丽选编：《追忆陈寅恪》，社会科学文献出版社1999年版，第200页。

的"小"问题出发，引申推论，融会贯通，因小见大，察微知著，最后得出人所未见、事关全局的重大结论。陈寅恪不仅对于做学问有敏锐的洞察力，就是对于时事变迁，他也能洞若观火。1948 年底，当解放军包围北京城时，胡适奉蒋介石之命，派专机接几名教授到南京去，大多数教授都没有走，而陈寅恪却走了。对此，时贤曾评论说："其实寅恪先生并不反对共产主义，他反对的是苏联牌的共产主义，这在当时是个大逆不道的想法，但当东欧剧变，苏联解体等事件发生后，我们不得不佩服陈先生的睿智和敏锐的洞察力。"[1]

2. 独特的创造力

陈寅恪在历史研究的实践中，无论是述论、笺证还是考释，都有着非同凡响的独特思路，识解超卓，迥异时流。正如学者蔡鸿生所说："他善于对历史情景进行理性的重构，通过'神游冥想'化腐为奇，把历史事物从潜在的状态导向现实的状态，从在场的东西引出不在场的东西。"[2] 陈寅恪晚年的助手黄萱在《怀念陈寅恪教授》一文中写道："人家以为寅师'有点怪'。我觉得他凡事都有自己的看法，自己的主张，从不随波逐流，人言亦言，随声附和，但并不怪。"[3] 例如，陈寅恪针对唐与突厥地位的急剧变化问题曾谈到，唐代是我国民族的盛世，唐王朝先后在战争中打败了外族的侵略，但追究其强盛的原因，并不仅仅是由于唐代民族实力的增强，也有外

〔1〕 张杰、杨燕丽选编：《追忆陈寅恪》，社会科学文献出版社 1999 年版，第 128 页。

〔2〕 蔡鸿生：《仰望陈寅恪》，中华书局 2004 年版，第 7 页。

〔3〕 纪念陈寅恪教授国际学术讨论会秘书组编：《纪念陈寅恪教授国际学术讨论会文集》，中山大学出版社 1989 年版，第 72 页。

族政权因腐败而实力下降的原因。而我国某些史学家却为宣扬民族自豪感，总是赞扬唐代的丰功伟绩，却往往不重视对外族实力的腐朽和下降等进行分析。陈寅恪一生都在用严谨的治学作风来追求真理，从不盲从，不附和那些夸诬的文字。陈寅恪讲课也十分独特，如陈寅恪在讲授《元白诗歌研究》时，以讲杨玉环是否以处女入宫作为《长恨歌》的第一课，当时很多听众都以为无聊，但其实陈寅恪是想别开生面地以这一问题为出发点来研究唐代的婚礼制度。

（三）惊人的记忆力

陈寅恪惊人的记忆力曾让许多人折服。周扬在 20 世纪 60 年代初专程到中山大学拜访陈寅恪，在这之后周扬在许多场合都称赞陈寅恪的记忆力。陈寅恪对典籍一清二楚，能清晰地记得哪些史料出在哪些典籍上。周连宽也深为陈寅恪的记忆力所折服，他曾说过："陈寅恪是真正的'一口准'。"〔1〕某次，陈寅恪在同广东京剧团的演员聊传统京剧时，做了一次顽皮的"卖弄"。当谈到一些传统的京剧史实时，他让京剧演员到书架上翻书，同时自己当场指出具体的答案在哪本书的哪一页，真是一口一个准，在场的多位演员发出阵阵惊叹声和欢笑声。何兆武曾回忆到："陈寅恪先生虽然授课时总是携带一布包的书，但他引用材料时从不真正查阅书籍，都是脱口而出，如数家珍。"〔2〕陈寅恪讲授魏晋南北朝时，"一提这个时期的名

〔1〕　李幼斌：《一管书生如椽笔　高扬大师治学魂——〈陈寅恪的最后二十年〉等读后》，载《人力资源管理（学术版）》2009 年第 11 期。
〔2〕　何兆武：《历史理性批判散论》，湖南教育出版社 1994 年版，第 5 页。

人，熟悉的像是在叙述一个老东家的家常似地"。[1] 当别人赞叹他惊人的记忆力并问是怎么练出来时，他却回答说："记忆力也是锻炼出来的。再说只要是你决心要记的东西，你的脑袋总会有办法的。"[2]

二、"儒风世德传"

（一）尊崇气节

1964年陈寅恪在《赠蒋秉南序》中写道："凡历数十年，遭逢世界大战者二，内战更不胜计。其后失明膑足，栖身岭表，已奄奄垂死，将就木矣。默念平生固未尝侮食自矜，曲学阿世，似可告慰友朋。"[3] 陈寅恪一生恪守这样的誓言，坚守中国传统的儒士德行，践行自己的高尚风骨。不曲学阿世、不侮食自矜，尊崇气节。第二次世界大战期间，日军占领香港后，想以日金四十万元为酬劳，要求陈寅恪办东方文化学院，陈寅恪严词拒绝。驻港日军为了拉拢陈寅恪，经常往陈寅恪家里送大米和面粉。陈寅恪夫妇二人用尽力气把送来的大米和面粉往外拖。他们宁肯饿死，也坚决不接受侵略者的接济。后来陈寅恪过去的学生，当时已沦为汉奸，企图说服陈寅恪去沦陷区任教，陈寅恪断然拒绝，而后陈氏一家仓促逃离香港。当1942年，陈寅恪从香港历经沧桑到达桂林时，于6月19日致傅斯年的信函中写道：

---

[1] 万绳楠整理：《陈寅恪魏晋南北朝史讲演录》，贵州人民出版社2007年版，第223页。

[2] 张杰、杨燕丽选编：《追忆陈寅恪》，社会科学文献出版社1999年版，第351页。

[3] 蔡鸿生：《仰望陈寅恪》，中华书局2004年版，第4页。

此次九死一生，携家返国，其艰苦不可一言尽也，可略述一二，便能推想。即有二个月之久未脱鞋睡觉，因日兵叩门索"花姑娘"之故，又被兵迫迁四次；至于数月食不饱，已不肉食者，历数月之久，得一鸭蛋五人分食，视为珍奇。此犹物质上之痛苦也。至精神上之苦，则有汪伪之诱迫，陈璧君之凶恶，北平"北京大学"之以伪币千元月薪来饵，倭督及汉奸以二十万军票（港币四十万），托办东亚文化会及审查教科书等，虽均已拒绝，而无旅费可以离港，甚为可忧。[1]

从陈寅恪上面的信件中，我们可知其一家经历之惨重磨难，然面对敌人的威逼利诱，陈寅恪大义凛然，坚守气节，任时势变迁而壁立千仞。

1949年，国民党政府经济完全崩溃。冬天，陈寅恪连买煤取暖的钱都没有。时任北大校长的胡适想赠给陈寅恪一笔数目巨大的美元，但陈寅恪却拒不接受，最后用自己多年收藏的珍贵书籍换得两千美元，而这些书都是极为珍贵的。由此可见陈寅恪的品行是多么高尚！他一生洁身自好，无论遇到多大的困难，都不贪图半点施舍。三年经济困难时期，国内食品奇缺。一天，陈寅恪忽然收到从香港寄来的一箱食品，内有奶粉、罐头等物，寄者自称是陈寅恪的学生。陈寅恪不知此人是谁，以为是曾在岭南大学选过他的课的中文系学生。但为了慎重起见，他叫助手去核实，经查证并无这样一位学生。陈寅恪

〔1〕　陈寅恪：《陈寅恪集：书信集》，生活·读书·新知三联书店2001年版，第87~88页。

说："东西来历不明，断然不能接受。"〔1〕把原件退了回去。从以上史实来看，我们不得不说，在任何磨难面前，陈寅恪都树立了一种高峻的标格。

（二）谦虚谨让

陈寅恪虽然博学卓识，但是他从不炫耀卖弄，也从来不以开风气、使用新方法的先进人物自居。他常常对他的学生说："知识增时只益疑，兹姑妄言之，读者傥亦姑妄听之耶？我从不珍视我写的论文。"〔2〕陈寅恪除了通晓英语、德语、法语、日语、俄语等常用语言外，还研习了希腊语、拉丁语、梵文、巴利文、印第语、藏语、满文、朝鲜语、蒙古语、突厥语、回鹘语、西夏文、匈牙利语、波斯语、阿拉伯语、吐火罗语、希伯来语、马扎尔语等。但他自己从未说过他通晓多种文字。对他来说，通晓多种文字是一件平常事，不需要也不应该特意去说。抗日战争结束后，陈寅恪在清华教书期间，曾有来访者就有关梵文、藏文以及佛典诸问题向陈寅恪请教，他总是说"已将梵文等放下多年，不敢再谈论这方面的问题了"。在他填写的履历表上，"懂何种外语"一栏，只写着"德语"二字。〔3〕虽然陈寅恪在清华大学、西南联合大学、中山大学讲授的课程大多属于中国中古文史之学的范围，但他的学识绝不仅限于中国中古文史之学。然而每次学校要他填写学历表格，

〔1〕 张杰、杨燕丽选编：《追忆陈寅恪》，社会科学文献出版社1999年版，第294页。

〔2〕 张杰、杨燕丽选编：《追忆陈寅恪》，社会科学文献出版社1999年版，第117页。

〔3〕 张杰、杨燕丽选编：《追忆陈寅恪》，社会科学文献出版社1999年版，第292页。

在专业一栏，陈寅恪却总是让自己的学生填写中国中古文史之学。

陈寅恪是"中央研究院"评议会的成员之一，评议会举行会议时总要请他出席。开会时，他总是穿一长袍，不事更换，木讷若无意见。陈寅恪平日穿蓝布长衫、布鞋，夏天则戴瓜皮帽，经常手提蓝布袋上图书馆或上课堂，一点看不出是曾经喝过一二十年洋水的人。在街上，不认识他的人，往往将他误作乡下郎中。冬天酷寒时节，他总是在棉袍外再穿上一件皮袍子，有时候还在皮袍子外加上一件皮马褂，头上戴顶北方绒帽，颈上批条围巾，很多不认识的人称其为琉璃厂老板。陈寅恪晚年在岭南大学教书时，因目盲在自家授课，一旦学生来上课，他便中止工作，扶着手杖，一步一步登上二楼，换上夏布大褂。这样一位大家，却总是这样淡泊自守，谦虚谨让。

（三）宽厚仁爱

陈寅恪德行宽厚，一生除了对一位明史专家外，他没有对任何人说过贬低的话。对青年学人，他总是只谈优点，就连一位由于误会而对他专门攻击甚至说些难听话的学者，陈寅恪也从来没有对其说过半句褒贬的话。他宽厚仁爱，古道热肠，总是尽自己所能去帮助别人。

抗日战争后期，陈寅恪任教于燕京大学。此时，王钟翰也在燕京大学任历史系讲师。因学校工作需要，王钟翰除在历史系教中国通史外，还兼任训导处学生生活指导一职。因此，王钟翰不仅需要讲课，还要负责学生生活的点点滴滴，日夜操劳，深感疲惫，便决定离职转校。当离校前一日去辞别陈寅恪时，陈寅恪为之惊愕，当即斩钉截铁地说："尔不可离去！我马上替你作书与梅校长贻宝，一定留你，专心在系里教书，不必再兼行政之事。"临行，先生还不放心地再三叮咛："尔不可离去！"[1] 旧历年底，曾有人把整袋面粉送到陈寅恪家里，因来路不明，陈寅恪夫妇不肯接受，实在未推脱掉，就分送给共患难的邻居。

1948 年暑假，国民党政府发动"八一九"大逮捕，为搜捕进步学生，包围了燕京大学。陈寅恪的学生李涵被扣押起来，当陈寅恪得知后，立即表示愿意出面保释。周连宽曾回忆："在经济紧张的年代，米珠薪桂，国家对他配给较多的食油和肉类，以示照顾。其时我正因缺少营养而眼珠变黄，肝病缠身，他慷慨地分给我一瓶生油，济我于危难之中，我感激涕零！"[2] 北大学生劳干回忆说："等我到'中央研究院'史语所做研究工作时，陈先生是第一组主任，不过陈先生只担任一个名义，并不管实际上的事，一切事务都由傅孟真先生亲自处理。……等到傅孟真先生逝世以后，我在参加傅先生遗集整理工作之中。在傅先生的一本书中，看到夹着陈先生一张回覆傅先生的信，对我加以郑重的推荐，这件事陈先生从来未曾直接和间接表示过的，使我万分的感动。"[3] 1945 年，陈寅恪在英国医治眼疾期间给曾在德国哥廷根大学求学的季羡林回信，夸奖季羡林论文写得好，并提到要引荐季羡林到北大任教。1946 年，当季羡林回国拜见陈寅恪时，陈寅恪再次嘱咐季羡

———————

　〔1〕 张杰、杨燕丽选编：《追忆陈寅恪》，社会科学文献出版社 1999 年版，第 251 页。

　〔2〕 张杰、杨燕丽选编：《追忆陈寅恪》，社会科学文献出版社 1999 年版，第 346 页。

　〔3〕 张杰、杨燕丽选编：《追忆陈寅恪》，社会科学文献出版社 1999 年版，第 92~93 页。

林到"中央研究院"去拜见北大代校长傅斯年，并嘱咐季羡林带上用德文写的论文。1947 年，季羡林曾写《浮屠与佛》，陈寅恪曾把此文推荐给当时最具权威性的刊物《"中央研究院"史语所集刊》发表，可见陈寅恪对学生的爱护之深以及用心之细。

1937 年冬，邓广铭在《国闻周报》上刊出了自己所写的一篇《总评几本〈辛稼轩年谱〉和〈稼轩词疏证〉》，陈寅恪给予了好评。邓广铭曾回忆说："当时陈先生不知我为何许人，后从胡适之和傅斯年两先生处，知道我在北京大学文科研究所工作。我那时正在申请中华教育文化基金会的科学研究补助费，研究课题是辛稼轩的生平和对于他的长短句的注释。胡、傅两先生都是该基金会的负责人，他们对陈先生都极敬重，听了陈先生对我那篇文章的评论，'一言九鼎'，遂使我的申请得以顺利批准。"[1] 抗日战争时期，陈寅恪与邓广铭同住在昆明青云街靛花巷，陈寅恪竟亲自到邓广铭的住房内与之相谈，并奖勉邓广铭所写的《评辛稼轩年谱》。在 1942 年邓广铭写成《宋史职官志考证》后，陈寅恪还为此书写序言，并鼓励邓广铭专心致力于宋史的研究。当年刘世辅是一名清华尚未毕业的学生，因家境贫寒，即将辍学回家，陈寅恪见其生活极其窘迫，遂写信给杨树达为该生谋一事可做。其 1948 年致杨氏信云：

遇夫先生有道：

前闻令郎言先生往广州讲学，想已早返长沙。近日大著倘

---

[1] 张杰、杨燕丽选编：《追忆陈寅恪》，社会科学文献出版社 1999 年版，第 234 页。

蒙赐寄一读，不胜感幸。兹有恳者：清华史学系肄业生刘君世辅，成绩颇佳，而因家计辍学，欲求一小小工作，不知我公能在湖大或其他机关为之设法否？耑此　　敬请

著安

弟寅恪敬启。七月七日。[1]

陈寅恪总是这样，对同事、邻居、友人尤其是学生，一向古道热肠，总是悄无声息地给予帮助，且做好事从不留名。

（四）固守传统

在《王观堂先生挽词》中，陈寅恪曾写有"依稀廿载忆光宣，犹是开元全盛年"的诗句。众所周知，清代光绪、宣统是近代中国最衰败的时期，而陈寅恪居然把光、宣比作开元盛世。他还指责辛亥革命以后是在开历史倒车，如车轮之逆转，似有合于所谓退化论之说者。陈寅恪坚守中华旧义，一生以遗民自居，这不得不说与其保守的思想意识有关。他特别看重门第、家世。他的《隋唐制度渊源略论稿》和《唐代政治史述论稿》，就是主要以门第、婚姻、地域集团作为坐标的，强调地域和家世的作用。他认为在中国传统社会的文化传承中，家族是一重要渠道。他认为出自学养厚积的家族人物，才性与德传必有最大限度的融和，所以陈寅恪与此类人物有一种前缘夙契般的亲近。如他曾对出身文化世家的周一良关爱有加。甚至在选择自己的婚姻时，他都以家世为前提，陈寅恪夫人唐筼也是文化大家的后人。陈寅恪晚年的助手也都是家世显赫的贵族。

---

[1]　张杰、杨燕丽选编：《追忆陈寅恪》，社会科学文献出版社1999年版，第380页。

这些保守的观念还表现在陈寅恪日常的写作和生活当中。例如：陈寅恪写书排版一定要竖排，在引用史料时卷页数码必用大写数字，引用史料时总是要加按语。他的学生李坚曾回忆："寅恪师……然而出书时慎之又慎，内容篇幅均大量精简，而且撰述方式都是引文加按语，晦涩难懂。"[1] 生活当中，陈寅恪也处处固守传统仪式和礼节。在哈佛大学留学期间，校园里所有的学生和老师都是把上衣塞到裤子里以示整齐，但陈寅恪却总是把上衣露在外面，因为当时中国人的着装习惯是把上衣露在外面。王国维殡葬的当天晚上，清华国学研究院的师生向王静安作最后告别。告别会上同学们都是行三鞠躬礼，而陈寅恪却行三跪九叩的大礼。著名汉圣林山腴寿辰当天，陈寅恪在门前见到林山腴后，就立即下车跪下磕头，口称"伯父"，并祝愿其长寿。这也是让人极为震惊的，因为当时在场的学生对老师都是鞠躬致敬，从不磕头。当学生来家里拜访陈寅恪父亲散元老人时，父亲和学生都坐着，陈寅恪在自己父亲的面前却总是站着，一直到学生们走。在穿着方面，他从不西装革履一身洋气，总喜欢穿中国传统的袍和褂子。

（五）藐视荣禄

在中国几千年的历史发展长河中，"学成文武艺，货与帝王家"是传统士人的生存写照；"朝为田舍郎，暮登天子堂"是传统士人的人生梦想。本来这只是一种旧时代实现人生价值的实用手段，可长期积淀却铸成了一个现代学人逃不脱的政治情结。历史上，历代文人都抱有"修身齐家治国平天下"的

---

[1] 张杰、杨燕丽选编：《追忆陈寅恪》，社会科学文献出版社1999年版，第249页。

远大志向。这些人一直试图进入最高统治阶层，一圆国师梦。他们试图加入某个利益集团或是为某个政党服务。然而政治斗争波谲云诡，勾心斗角，稍有不慎，便葬身官场，甚至被株连九族。这样的例子举不胜举。章太炎曾有过轰轰烈烈的革命历程，曾为了革命不惜与师友决裂，写下《谢本师》《与梁鼎芬绝交书》等，甚至不惜个人生命为邹容写《革命军》的序，写《驳康有为论革命书》，然最后却被袁世凯软禁，只得寻求一死。曾经是如此的轰轰烈烈，可到后来也无任何反抗的办法。他崇拜顾炎武，崇拜明太祖朱元璋的军师刘伯温，希望自己能像刘伯温一样，辅佐君主成为开国功臣，来实现他"修身齐家治国平天下"的文人夙愿，因此在被软禁时还在期盼自己死后能被安葬在刘伯温的墓旁。西方的柏拉图，为了实现自己的政治理想，曾三拜叙拉古宫廷统治者，都因宾主交谈不投机而无功返回，才放弃参政意念，安心治学。与陈寅恪同时代齐名的陈垣，"自青年时代即热心世务，其后叠任文化教育机关首长，老年乃以毛为师，并且常说自己'闻道太晚'，亦唯其与世浮沉的性格，所以晚年不免为政治洪流所覆没，在学术上不能再有所作为！……自 1962 年以后，似已不再热衷为政治作宣传文字，但为时已晚了！"[1]

由于祖父的宦海沉浮，陈寅恪更加清楚地认识到政治斗争可能带来的灾难。因此，他"不托飞驰之势，寄身于翰墨"。当王国维去世后，陈寅恪曾和吴宓相约绝不加入任何政党。他们爱慕文化，但不愿沾染任何党派的激情。他还曾说如果连在

---

[1] 符本清：《严耕望评史学家陈寅恪、陈垣》，载《书屋》2010 年第 8 期。

大学教书都不能，就只好经商以养家糊口。在中国几千年的传统观念中，经商一向为文人所不耻，然陈寅恪宁愿经商也不愿和政治发生任何瓜葛，足见其对功名利禄的态度。

　　蒋介石曾以重金请陈寅恪写唐太宗传，被其断然拒绝。1929年陈寅恪在赠北大史学系毕业生的诗中写道："天赋迂儒自圣狂，读书不肯为人忙。平生所学宁堪赠，独此区区是秘方。"〔1〕1948年12月，解放军占领北平近郊，清华大学宣布解放，南京国民党政府派遣部长陈雪屏专机飞北平迎接陈寅恪南下，陈寅恪坚决拒绝。后来，南京政府的教育部致电时任北大校长的胡适，说将派专机迎接其与陈寅恪，陈寅恪愿同胡适一起走。当邓广铭问时，陈寅恪说："他（陈雪屏）是国民党的官僚，坐的是国民党的飞机，我决不跟他走！现在跟胡先生一起走，我心安理得。"〔2〕"人的心志可以永远是自由的，而且这种自由是唯一与生俱来的。在任何恶劣的环境中，人们都可以有这种自由，那就是选择自己的心志。"〔3〕1953年，他拒绝任历史研究第二所所长，并在《对科学院的答复》一文中开宗明义地说道：

　　我的思想，我的主张完全见于我所写的王国维纪念碑中。……特别是研究史学的人。我认为研究学术，最主要的是要具有自由的意志和独立的精神。所以我说"士之读书治学，

---

　　〔1〕　张杰、杨燕丽选编：《追忆陈寅恪》，社会科学文献出版社1999年版，第170页。

　　〔2〕　张杰、杨燕丽选编：《追忆陈寅恪》，社会科学文献出版社1999年版，第236页。

　　〔3〕　叶澜：《智慧从容　大气恢宏》，载《中国教育学刊》2007年第10期。

盖将以脱心志于俗谛之桎梏"……但是我认为不能先存马列主义的见解，再研究学术。……因此，我提出第一条："允许中古史研究所不宗奉马列主义，并不学习政治。"不要先有马列主义的见解再研究学术，也不要学政治。……不止我一个人要如此，我要全部的人都如此。我从来不谈政治，与政治决无连涉，和任何党派没有关系。[1]

这恰好证明陈寅恪是以学统自律，终身贯之。早在1945年秋，陈寅恪就曾对王钟翰说过，做学问不可能完全脱离政治，但两者之间却不能混为一谈。做学问与政治不同，做学问一定要有自己的独立性，不能沦为政治的婢女，失去其主体性，不能去迎合政治。因此，他的关心政治，不是去给政治做注脚，而是坚守着学术的主体性，这是一种更深层意义上的关心政治。

（六）忧国忧民

虽然陈寅恪本人远离现实政治，并说自己教书四十年，只是专心教书和著作，从未实际办过事，但陈寅恪绝不是一个闭门只读圣贤书的书呆子。正如李璜对陈寅恪的评论一样："我近年历阅学术界之纪念陈氏者，大抵集中于其用力学问之勤，学识之富，著作之精，而甚少提及其对国家民族爱护之深与其本于理性，而明辨是非善恶之切，酒酣耳熟，顿露激昂，我亲见之，不似象牙塔中人。"[2] 陈寅恪继承了中国"士"的优

---

〔1〕 陈寅恪：《陈寅恪集：讲义及杂稿》，生活·读书·新知三联书店2002年版，第463~465页。

〔2〕 张杰、杨燕丽选编：《追忆陈寅恪》，社会科学文献出版社1999年版，第15页。

良传统：天下兴亡，匹夫有责。如同正直的士大夫一样，他关心时事政治，拥护清明的政治，痛恨腐败的政治。他热爱中华，反对对外国奴颜婢膝。早在 1929 年 5 月，陈寅恪目睹中国学生争先恐后前往日本学习、研究中国历史时，大受刺激，并写下"群趋东邻受国史，神州士夫羞欲死！"说明了他对当时中国历史学研究落后于东邻日本状况的不满，并深以为羞耻，希望大家共同奋斗，尽速改变这一状况，以洗此耻。"那时他早对日本人之印象不佳，而对于袁世凯之媚外篡国，尤其深恶痛绝，并以其余逆北洋军阀之胡闹乱政，大为可忧"[1]。

陈寅恪早在欧洲的时候，哈佛大学就对其以高薪特聘。但他不想去美国发展，他回信说："我不想再到哈佛，我对美国留恋的只是波士顿中国饭馆醉天楼的龙虾！"[2] 不久清华国学研究院邀他当导师，尽管他还想在柏林大学多读一些国内缺乏的资料，但仍于 1925 年毅然回国应聘，与王国维、梁启超、赵元任等人同为当时清华国学院四位著名导师。当我国原子弹试验成功的消息公布后，他深有感慨地说："我国有了足够的自卫能力，便可不必依赖他人的保护伞了。"[3] 1959 年，印度在武力进攻中国边境前，组织了一个写作班子来证实其进犯的合理性，并以信函的方式向中国政府索要领土。中央政府派人征询陈寅恪的意见，陈寅恪明确表示印度政府的领土要求很

〔1〕　张杰、杨燕丽选编：《追忆陈寅恪》，社会科学文献出版社 1999 年版，第 14 页。

〔2〕　张杰、杨燕丽选编：《追忆陈寅恪》，社会科学文献出版社 1999 年版，第 295~296 页。

〔3〕　张杰、杨燕丽选编：《追忆陈寅恪》，社会科学文献出版社 1999 年版，第 294 页。

不合理，当即向中央政府提供了大量清朝官员的日记、奏议等史料。临终前，陈寅恪还对中山大学的学生和老师说，珍宝岛历来是中国的领土。

第二节　学界泰斗的文化关怀与教育智慧

一、"守先哲之遗范，托末契于后生"的文化情结

（一）雄心万丈的学术文化抱负

何为中国文化？陈寅恪在《王观堂先生挽词并序》中给了我们一个经典的回答：吾中国文化之定义，具于《白虎通》三纲六纪之说，其意义为抽象理想最高之境，犹希腊柏拉图所谓 Idea 者。……其所依托以表现者，实为有形之社会制度，而经济制度尤其最要者。[1] 此段话通常被认为是陈寅恪文化观的集中表述。陈寅恪将中国文化定义为三纲六纪的理想境界，即以伦理道德为文化的集中表现，以此为准则支配人们的行为和思想。他如此看重中国文化，可"他不幸生于一个剧烈动荡的时代。承前，他无法不感受近代中国屡遭外侮，有清中兴一代已成残迹的哀感；继后，他更亲身感受社会纷乱变异下'文化'与'社会风习'的分崩离析。故此，他眼中的历史，充斥着兴亡盛衰的痛感；他视觉中的文化，紧紧扣着'关系于民族盛衰学术兴废者'这一主旨。"[2] 每个人生活在一定的社会中，都需要某种理想作为寄托，这是人的"精神

〔1〕　张杰、杨燕丽选编：《追忆陈寅恪》，社会科学文献出版社 1999 年版，第 232 页。

〔2〕　陆键东：《陈寅恪的最后二十年》，生活·读书·新知三联书店 1995 年版，第 515 页。

之家”，一旦理想破灭，人便会落到“无家可归”的境地，对人生也就失去了兴趣。因此才有了陈寅恪所谈到的：“凡一种文化值衰落之时，为此文化所化之人，必感苦痛，其表现此文化之程量愈宏，则其所受之苦痛亦愈甚。”〔1〕

　　然而他又对中国文化充满了信心，他认为这种动荡剧烈的时代终将会结束，华夏文化终必复振。他在《邓广铭〈宋史职官志考证〉序》云：“华夏民族之文化，历数千载之演进，造极于赵宋之世。后渐衰微，终必复振。”〔2〕陈寅恪在为杨树达的《积微居小学金石论丛续稿》所作的序言中写道：“呜呼！自剖判以来，生民之祸乱，至今日而极矣。物极必反，自然之理也。一旦忽易阴森残酷之世界，而为晴朗和平之宙合，天而不欲遂丧斯文也，则国家必将尊礼先生，以为国老儒宗，使弘宣我华夏民族之文化于京师太学。其时纵有入梦之青山，宁复容先生高隐耶？然而白发者，国老之象征。浮名者，亦儒宗所应具，斯诚可喜之兆也。又何叹哉？又何叹哉？”〔3〕他不仅自己对中国学术文化充满信心，而且鼓励学生为中国学术文化而奋斗。1931年在纪念清华建校20周年时，陈寅恪曾在对学生发表的《吾国学术之现状及清华之职责》中说：“东洲邻国以三十年来学术锐进之故，其关于吾国历史之著作，非复国人所能追步。……然其心意中有一共同观念，既国可亡，而

〔1〕　张杰、杨燕丽选编：《追忆陈寅恪》，社会科学文献出版社1999年版，第154页。
　　〔2〕　陈寅恪：《中国现代学术经典：陈寅恪卷》，河北教育出版社2002年版，第867页。
　　〔3〕　陈寅恪：《中国现代学术经典：陈寅恪卷》，河北教育出版社2002年版，第864页。

史不可灭。今日国虽幸存，而国史已失其正统，若起先民于地下，其感慨如何？……此重公案，实系吾民族精神上生死一大事者，与清华及全国学术有关。"[1] 陈寅恪在表达对当时史学研究状况忧虑的同时，坦言了自己的历史价值观，并号召同学们为振奋中华民族的民族精神、达到中国学术的独立而努力奋斗。

（二）铁肩担道义的文化使命感

陈寅恪特别强调文化大师个人对文化传承和发展的重要作用。他指出"中国历史的特点是王朝更迭频繁，每次王朝更迭都伴以社会动乱，也给文化带来劫难。而文化寄托之文人又必然要首当其冲，尤其是这时文人的心灵，大多要在历史的剧变中遭到其它时刻所没有的拷问及权衡利害的煎熬，于是文人的持己处事，便关系了历史的荣辱。"[2] 他认为："自昔大师巨子，其关系于民族盛衰学术兴废者，……故其著作可以转移一时之风气，而示来者以轨则也。"[3] 他海外求学数十载，对梵文是下过极大功夫的，但他站在中国学术发展的立场上权衡了轻重。他觉得对南北朝唐代历史的研究，更为急需。正是出于这样的卓识，陈寅恪在自述撰写《隋唐制度渊源略论稿》的目的时曾谈道："夫隋唐两朝为吾国中古极盛之世，其文物制度流传广博，北逾大漠，南暨交趾，东至日本，西极中亚，

---

〔1〕 陈寅恪：《陈寅恪集：金明馆丛稿二编》，生活·读书·新知三联书店 2001 年版，第 361~362 页。

〔2〕 向燕南、杨树坤：《试析陈寅恪晚年"著书唯剩颂红妆"的原因》，载《商丘师范学院学报》2004 年第 3 期。

〔3〕 陈寅恪：《金明馆丛稿二编》，上海古籍出版社 1980 年版，第 219页。

而迄鲜通论其渊源流变之书，则吾国史学之缺憾也。"〔1〕所以他放弃了独步天下的梵文知识，集中精力研究南北朝唐代历史。此后不管生活条件多么艰苦，陈寅恪都顽强地做着自己的研究。他在寄杨树达的一首诗中说："蔽遮白日兵尘满，寂寞玄文酒盏深。"可见他的生存状态的恶劣。他的《隋唐制度渊源略论稿》《唐代政治史述论稿》都完成于20世纪三四十年代。当时正值日本侵略中国，中国大地一片混乱，更严重的是当时陈寅恪的眼睛已处于非常恶劣的状态中。他在书末的附论中说道："乃勉强于忧患疾病之中，姑就一时理解记忆所及，草率写成此书。命之曰稿者，所见不敢视为定本及不得已而著书之意尔。"〔2〕这只是陈寅恪自谦的说法，其实在写作的过程中，陈寅恪对自己的书稿一向字斟句酌、修改多次。在战火纷飞的年代，他甘于寂寞，在学问中求自慰，不管现实怎样的使人不满，不管自身的遭遇着怎样的不幸，他绝不放弃自己所从事的祖国之文化、祖国之史学。陈寅恪为的就是把中国的传统学术文化保存起来，使华夏民族的命脉延续下去，使中国的学术文化发扬光大，以使中华民族再次出现唐代贞观开元文治武功卓著、典章制度完美的盛世。

晚年陈寅恪的著作从政治史和制度史的前沿做出无可奈何的退却，而"著书唯剩颂红妆"。但这事实上也来自他的文化使命感："但今上距钱柳作诗时已三百年，典籍多已禁毁亡佚，虽欲详究，恐终多讹脱。若又不及今日为之，则后来之

---

〔1〕　陈寅恪：《隋唐制度渊源略论稿唐代政治史述论稿》，生活·读书·新知三联书店 2001 年版，第 4 页。

〔2〕　王永兴：《陈寅恪先生史学述略稿》，北京大学出版社 1988 年版，第 146 页。

难，或有更甚于今日者，此寅恪所以明知如此类著作之不能完善，而不得不仍勉力为之也。"[1] 著《柳如是别传》洋洋80万字，恰恰证明了陈寅恪始终在追寻那种他惟恐失落的民族精神，自觉地承担起华夏文化的托命。这正如其学生所说：他一生除了著书就是站在课堂上教书。他辛勤不倦地备课、教课，是因为他对中华民族文化的深刻理解和热爱。他读史论史，总是着重祖国一脉相传下来的文化。[2]《柳如是别传》完稿后，陈寅恪于1965年秋季写下"纵有名山藏史稿，传人难遇又如何"。这样一位76岁的"文盲叟"，在晚年目盲体衰时，仍在担心文化失传，后继无人，这是何等的历史文化使命感啊！

正如唐振常所言："'左丘失明，厥有《国语》。孙子膑足，而论《兵法》'。人生有此一苦，已不堪受，陈先生兼而得之（吴先生晚年亦受失明断足之苦），所受之痛苦，远过古人，何其深也巨也！然而，以此是由于先生肩负学术文化的历史使命，'为此文化所化'极深，在此文化衰落之时，所受之精神上之痛苦（参阅先生《王观堂先生挽词·序》及吴学昭著《吴宓与陈寅恪第四十七页》），则失明、膑足之身体上的痛苦，于先生可谓渺乎小矣。盖身体之痛苦，可以忍受，能够治疗；而心灵之痛苦，则难以忍受，不能治疗。然而，陈先生所以异于俗流者，厥为对于此种心灵的痛苦早有所见，其忍受与治疗之方，乃为起而保卫和发扬此文化。早在王静安先生自沉之时，陈先生即深知此文化使命之将终其身以任，心灵早有

---

[1] 陈寅恪：《柳如是别传》（上册），上海古籍出版社1980年版，第10页。

[2] 张杰、杨燕丽选编：《追忆陈寅恪》，社会科学文献出版社1999年版，第210页。

充分准备，早以能百折不挠，战斗到生命的终结。"[1]

二、培养学界"通人"的理想

众所周知，陈寅恪幼承家学，早年又接受西方史学理论的熏染，其学问贯通古今中外，而且能融会贯通，形成自己独特的治学风格。他早在留学期间就对中外文化做了比较，对留学生的专业取向进行了评论。他指出海外留学生只重工程、实业等致用之学却忽视天理人事的精神之学。他曾在《陈垣敦煌劫余录序》中感叹道："国人治学，罕具通识。"他认为当时我国敦煌学研究落后于日本等国，真正的原因在于我国研究者罕具通识。他认为真正的人才必然精通古今中外，博而后约。陈寅恪把自己的这些理念与当时的学术与教育背景相结合，付诸教育实践中。在教学过程中，陈寅恪既能从宏观上引导学生的学业志向和学术取向，又能从微观上在具体的教学活动中传授具体的学术方法，授人以渔。他要求学生要能运用各家研史之法，博通古今中外，以成为学界的"通人"。

（一）知识博通

1. 通中西

陈寅恪指出："盖今世治学以世界为范围，重在知彼，绝非闭户造车之比。"[2]他在《冯友兰〈中国哲学史〉审查报告》中也指出："窃疑中国自今日以后……其真能于思想上自成系统，有所创获者，必须一方面吸收输入外来之学说，一方

---

〔1〕 唐振常：《卓荦孤怀身殉道——〈陈寅恪最后的二十年〉读后》，载《史林》1996年第3期。

〔2〕 陈寅恪：《金明馆丛稿二编》，上海古籍出版社1980年版，第318页。

面不忘本来民族之地位。此二种相反而适相成之态度，乃道教之真精神，新儒家之旧途径，而两千年吾民族与他民族思想接触史之所昭示者也。"〔1〕这段话非常精湛地揭示了陈寅恪对待中外文化的态度，即兼通中西。他还曾对日本学者在佛教史领域不通中西的做法评价道：日本人虽然在佛教史领域做出了一些贡献，但也暴露出不少缺点，比如东京帝国大学那一派西学较强，但中文太差，而西京一派在中文史料能力方面较佳但西学素养又太差。在具体的教学实践中，陈寅恪始终培养学生兼通中西的素养。如他给学生讲授唐史时，就告诫学生应将唐史纳入更宏观的视野来研究。因为近百年来，中国的内政很大程度上受外国的影响。很多人认为唐史与外族没有关系，其实这是不对的。陈寅恪经常对学生说，唐代与外族不仅在武力和宗教传播间互相影响，而且唐代的内政也受到外民族的影响，因此他告诫学生需以现代国际观念来看待唐史，这就是空间观念的会通中西。

2. 通古今

陈寅恪除了要求学生通中西，还提出要通古今。陈寅恪在授课过程中曾对学生谈道："近百年来中国的变迁极速，有划时代的变动。对唐史亦应持此态度，如天宝以前与天宝以后即大不相同，唐代的变动极剧，此点务须牢记。须时时注意各方面的关系，但要水到渠成，而不可牵强附会。"〔2〕陈寅恪在《唐代政治史述论稿》上篇论及唐玄宗一朝为唐代历史发展的

---

〔1〕 张杰、杨燕丽选编：《追忆陈寅恪》，社会科学文献出版社1999年版，第233页。

〔2〕 张杰、杨燕丽选编：《追忆陈寅恪》，社会科学文献出版社1999年版，第270页。

分界线时说：“其事虽为治国史者所得略知，至其所以然之故，则非好学深思通识古今之君子，不能详切言之也。”〔1〕为使得学生能通古今，他在讲授隋唐史时，给学生开列了不同种类的参考书，这三类主要包括：“甲类的第一本就是《资治通鉴》，要学生读《资治通鉴》的隋唐纪，他认为这是学习隋唐史的最基本参考材料。《隋书》和新、旧《唐书》属于乙类。《全唐文》等属第三类。他的主张和他的教学完全一致，把《资治通鉴》摆到一个非常重要的位置。”〔2〕另外，我们从陈寅恪的学生杨联升所留下的陈寅恪先生隋唐史第一讲笔记所提到的参考书目也可得知：“甲：通鉴隋唐纪，通典（宜先读）。乙：隋书，两唐书。丙：全唐文，全唐诗，唐律，唐六典，太平御览，册府元龟等。”〔3〕

（二）方法融通

在知识博通的基础上，陈寅恪还指出，做研究要方法融通。台湾学者汪荣祖曾赞叹陈寅恪的治学方法：“直接接触到西洋文考证学派、实证主义史学，合中西考证于一炉而融会贯通。”〔4〕可以说在治学方法上，陈寅恪既深深根植于中国传统学术，具有乾嘉学派的深厚功力，同时又接受了现代西方的学术观念和科学研究方法。他强调在研究方法上“切忌拘泥

---

〔1〕　张杰、杨燕丽选编：《追忆陈寅恪》，社会科学文献出版社1999年版，第461页。

〔2〕　蔡鸿生：《仰望陈寅恪》，中华书局2004年版，第28页。

〔3〕　张杰、杨燕丽选编：《追忆陈寅恪》，社会科学文献出版社1999年版，第186页。

〔4〕　汪荣祖：《史家陈寅恪传》，北京大学出版社2005年版，第53页。

于一派一家之见，而主张博取众长，融汇百家。"[1] 在教学实践中他曾对学生说自己研究过黑格尔的辩证法和历史哲学、马克思的经济史观，也研究过孔德的实证主义、詹姆士、杜威等的实用主义和罗素的数理逻辑；他称自己的史学方法既非一元论，也非二元论，不属唯心论，也非唯物论，可说是多元的史学方法；既吸收中国乾嘉学派的考据方法，又结合19世纪德国历史学派等西方的语言文字考据方法。[2]

（三）独立思考

在知识博通、方法兼施的基础上，作为一位学人，最重要的就是要有自己独立的思维，否则只会沦为政治的奴隶，或做文章只会拾人牙慧。贺麟说："学术在本质上必然是独立的、自由的，不能独立自由的学术，根本上不能算是学术。"[3] 而学术的真正独立靠的是学术人保持独立自由的精神，甚至在必要时，学术人牺牲性命也在所不惜。陈寅恪终其一生都在捍卫学术的独立自由。他在其《清华大学王观堂先生纪念碑铭》中这样写道："士之读书治学，盖将以脱心志于俗谛之桎梏，真理因得以发扬。思想而不自由，毋宁死耳，斯古今仁圣所同殉之精义，夫岂庸鄙之感望。"[4] 1953年11月，陈寅恪爱徒汪篯奉中国科学院院长郭沫若之命，到康乐园请陈寅恪赴北京出任史语所第二研究所所长。在与陈寅恪交谈的过程中，汪篯

---

〔1〕 张杰、杨燕丽选编：《追忆陈寅恪》，社会科学文献出版社1999年版，第247页。

〔2〕 张杰、杨燕丽选编：《追忆陈寅恪》，社会科学文献出版社1999年版，第247~248页。

〔3〕 贺麟：《学术与政治》，载《当代评论》1941年第16期。

〔4〕 张杰、杨燕丽选编：《追忆陈寅恪》，社会科学文献出版社1999年版，第232~233页。

用"党员的口吻""教育开导的口吻"与恩师交谈，这使得陈寅恪极难容忍、大发雷霆，并指着鼻子大骂汪篯。12 月 1 日，在《对科学院的答复》中，陈寅恪情绪激烈地对自己的爱徒汪篯谈道："但是我认为不能先存马列主义的见解，再研究学术。我要请的人，要带的徒弟都要有自由思想、独立精神。不是这样，即不是我的学生，你以前的看法是否和我相同我不知道，但现在不同了，你已不是我的学生了……"[1] 陈寅恪一气之下居然把自己的爱徒逐出师门。这虽然是一次政治事件，但在这里陈寅恪义正辞严地表达了自己对学生的基本要求，这封信既是对科学院的答复，同时又是给自己的爱徒汪篯上了最后一课。他要求他的学生必须有独立的思想。周一良在 1996 年对《纪念陈寅恪先生》一文进行了补记，其文曰："陈先生及门弟子众多，影响深远，我以为脑力学力俱臻上乘，堪传衣钵，推想先生亦必目为得意弟子者，厥有三人：徐高阮、汪篯、金应熙也……"能得周一良如此评价，可见汪篯绝非等闲之辈，且汪篯以前曾在陈寅恪身边侍奉多年。1938 年汪篯大学毕业即被推荐留校，开始跟随陈寅恪从事学术研究。1939 年汪篯又同王永兴考入北京大学文科研究所，一起跟随陈寅恪学习治史。1946 年，陈寅恪失明重返清华讲坛时，汪篯又放弃在吉林长白师范学院教书的工作，来到陈寅恪身边做助手，且吃住都在老师家，所有的生活费都由陈寅恪承担。其后的两年里，师徒朝夕相伴，汪篯几乎成了陈寅恪半个儿子。不仅如此，汪篯天资悟性极高，且勤奋刻苦，不仅协助陈寅恪著书立

---

〔1〕　陈寅恪：《陈寅恪集：讲义及杂稿》，生活·读书·新知三联书店2002 年版，第 464 页。

说，还能提出自己的学术见解，所以陈寅恪极其看重汪篯。旧时代学人是很看重师承渊源的，而陈寅恪却在盛怒之下把自己最为优秀的弟子逐出师门，断绝学术渊源，可见陈寅恪对学术独立自由的重视。

陈寅恪认为做学术研究必须摆脱政治的束缚，不能沦为政治的工具，同时他还要求学生不能人云亦云，要有自己独特的想法。在具体的教学实践中，陈寅恪总是不遗余力地培养学生独立研究的能力。如在开课之初，陈寅恪总是先讲述材料的种类，问题的方法以及研究方法等，然后再由学生根据自己的兴趣能力选择题目，自主研究，最后再由老师分别指导。众所周知，陈寅恪主要是研究中古史的，然而他的学生石泉却写的是《甲午战争前后之晚清政局》。石泉曾回忆与陈师聊毕业论文题目时，陈师总是问他想作什么毕业论文题目，对哪方面感兴趣，石泉回答说，对中国近代史感兴趣。不料陈师听后却表示同意，认为此题可做……陈师最后说："我可以指导你……"[1]陈寅恪常对学生说："问答式的笔试，不是观察学问的最好方法。"[2] 在学期结束时，他只要求学生缴呈一篇论文，便作为期末成绩，不再另行考试。

〔1〕 张杰、杨燕丽选编：《追忆陈寅恪》，社会科学文献出版社 1999 年版，第 257~258 页。

〔2〕 张杰、杨燕丽选编：《追忆陈寅恪》，社会科学文献出版社 1999 年版，第 105 页。

三、别具一格的教学智慧

（一）严谨的教学态度

1. 甘做"教书匠"

陈寅恪是一位受人敬仰的大学教师。无论何时何地，他都以教书为己任。1946 年，双目失明的陈寅恪因从国外治疗眼疾无果，遂返回北京清华园。时任清华大学历史系主任雷海宗来拜访他，在谈话中雷海宗劝他应暂时休息一段时间，待身体调养好了再来开课。而陈寅恪却马上说："我是教书匠，不教书怎么能叫教书匠呢？我要开课，至于个人研究，那是次要的事情。我每个月薪水不少，怎么能光拿钱不干活呢？"[1]　随后，他让助手王永兴分别通知历史系和中文系，两系各开了一门课。他的助手王永兴劝他说："您身体很弱，在历史系讲一门课已经够累了，是否不要在中文系讲课？"[2]　陈寅恪却严肃地说："我拿国家的薪水，怎能不干活！"[3]　就这样，陈寅恪在刚经受了双目失明的悲凉境况后，马上投入到了自己的教学工作中。失明对于任何人而言，打击都是残酷的。尤其对于以教书和著述为己任的陈寅恪来说，这种打击给他坎坷的一生染上了更加浓重苍凉的悲剧色彩。他曾有一段时间情绪低落，无奈地发出"天其废我"的慨叹。然最后陈寅恪却顽强地承

---

〔1〕　张杰、杨燕丽选编：《追忆陈寅恪》，社会科学文献出版社 1999 年版，第 207 页。

〔2〕　张杰、杨燕丽选编：《追忆陈寅恪》，社会科学文献出版社 1999 年版，第 222 页。

〔3〕　张杰、杨燕丽选编：《追忆陈寅恪》，社会科学文献出版社 1999 年版，第 222 页。

受了这一切，坚毅地接受这一残酷的现实，继续教书育人，献身教学以传播学术圣火。

2. 备课极其认真

陈寅恪兢兢业业地向学生传道，不论是在课前、课中还是课后，他都以高度严肃、认真的态度开展教学工作。在每讲授一堂课之前，陈寅恪总是一丝不苟地备课，即使在眼睛失明后，陈寅恪也在其助手王永兴和汪篯的协助下十分认真地备课。他的学生兼助手王永兴曾回忆道：

他备课也是极其认真，十分严谨的。一般的情况是：在开始备课的前几天，他向我（王永兴）和汪先生（汪篯）说，这一学期他要讲的主要问题、主要内容，然后就指定我们读哪些书给他听。他备课要读的第一种书总是《资治通鉴》，然后是《通典》、《会要》、《六典》、两《唐书》等等。当时的情景是：我们坐在两个沙发上，当中摆着一架书，在我的面前摆着一张小桌子，他指定我读《通鉴》哪一卷或者从哪一年到哪一年，而且嘱咐我要读得慢一些，读得清楚一些。读到一个段落，他就叫我停下来，他思索着，然后就提出来这一段里的问题和要注意的地方，让我写在本子上。常常是读完《通鉴》某一段，就要我去查出在两《唐书》里，在《会要》、《通典》里所记载的和这一段有关的材料，读给他听，然后，他指出这几种书所记载的有哪些不同，哪个记载是对的，哪个是不对的，这些，他都让我记在本子上。这样读了几天，他就叫我把本子上所写的重复给他说一遍，他总结综合，口授出来由我写下，就形成了讲课稿或者讲课的详细提纲。不只是讲课的主要内容，而且讲课所涉及的史料、与讲课有关的每一条材料，他都作了严谨的校勘与考证。[1]

陈寅恪在课堂上认真地讲授完以后，并不因此而终止，他很注重课后的反馈，以便以后改进备课内容。他的学生王永兴回忆说："讲课之后，他常常问我这样讲学生能接受吗？他常要我征求学生们的意见，然后再修改讲课稿。陈先生讲课精湛，深入浅出，引人入胜，而在这背后的，是他备课的辛勤。他年年开课，年年都是这样备课讲课。"[2]

陈寅恪上课之前总是把自己讲课所用的书分门别类地装好。他用黄布包裹讲授佛经文学、禅宗文学时要用的参考书，用黑布包裹其他课程所用的参考书。在去上课的路上他总是费劲地抱着一大堆书。其实以陈寅恪惊人的记忆力，对于所引用的材料他早已烂熟于心，但他为了使自己讲授的课程及结论更有说服力，总是很吃力地把那些书抱进教室，绝对不让他的助教替他抱进来。即使是下课时，同学们想帮陈寅恪把书抱回教员休息室，他也不肯。陈寅恪一进入课堂，马上提出要讲的专题，"逐层阐释，讲至入神的地方，往往闭目而谈，整个身心完全沉浸到所讲的内容中，忘掉了外面的世界，也忘掉自己的存在，以至下课铃响，还在讲解不停，似乎没有从物我两忘的境界中走出来。"[3]

抗日战争时期，清华、北大和南开三校合为西南联大，地

---

〔1〕　张杰、杨燕丽选编：《追忆陈寅恪》，社会科学文献出版社 1999 年版，第 208~209 页。

〔2〕　张杰、杨燕丽选编：《追忆陈寅恪》，社会科学文献出版社 1999 年版，第 209 页。

〔3〕　王川：《学界泰斗：陈寅恪》，广东人民出版社 2006 年版，第 64 页。

点在昆明。与清华时期相比，昆明各方面条件差远了，但陈寅恪的教学态度却从未改变。他始终认真仔细地授课，不辞辛劳地抱书去上课。陈寅恪当时住在青云街靛花巷一所破旧的老式小楼里。西南联合大学的教室在文林街的昆华北院和北门外临时修建的简易校舍，距离陈寅恪住处很远。两处相距一里多路，而且中间有一个很高的坡，陈寅恪上课总是带着用黑色包袱包着的一大包书从靛花巷走到文林街，书重路远，但他绝不少拿一本，也从不迟到。每当进教室时，他总是满头是汗，很疲累。陈寅恪体弱多病，每当到了讲堂，他总是先关闭门窗以防风。学生担心他太劳累，多次提出去接他、帮他抱书，但陈寅恪都拒绝了。

3. 从不轻易请假

抗日战争前"中央研究院"历史语言研究所所长傅斯年欲与清华合作，力图将清华国学院的台柱全数邀往史语所，陈寅恪、赵元任、李济等均被聘为史语所的中坚。陈寅恪在此问题上态度非常鲜明，他以教书为己任，委婉地拒绝了傅斯年的邀请。这从 1929 年 6 月 21 日陈寅恪给傅斯年和罗家伦的一封信中可窥见。他说：

弟居清华两年之经验，则教书与著书，两者殊难并行，此间功课钟点虽少，然与学生谈话及阅改文卷等，仍无十分余暇及精神看书及作文。至于所授之课，如自己十分有把握者，则重说一番，如演放留声机器，甚觉无兴趣。如新发现之材料，则尚多阙疑之处，对人高谈阔论，亦于心不安。且须片段预备功夫，无专治一事一气呵成之乐。况近日之为教授者，复多会议等杂务，尤为费时耗力，此种苦处，想公等必知之甚明，不待详陈也。欲救其弊，惟有一策，即仍领教授之俸一年，而次一年之间暂不教书及做他种杂务，虽形式同于乾馆（好笑），而实际则责成著成一书，庶几更有具体之绩效可稽。较之随例授课，为功为罪无从分别者，固胜一筹。[1]

此后，陈寅恪虽挂名为史语所历史组组长，但基本上还是任教于清华。从 1931 年到 1940 年，在这 10 年里，除 1932 年去庐山为父亲陈三立祝寿请假外，陈寅恪从未请过一次假。

作为一个蜚声中外的大学者，陈寅恪从不摆架子。1939年，牛津大学特邀陈寅恪到校讲学，他立即向时任校长梅贻琦请假一年。陈寅恪是中国第一个应聘牛津大学汉学教授的中国人，但他并不以此自居，严格遵守学校的规章制度，始终把自己摆在普通教员的位置上。虽然后来因各种原因，陈寅恪未曾赴英，然这种无论何时何地，都严守学校规章制度、从不轻易请假的严谨态度，着实让人佩服。由于生活清贫，营养不良，用功过度，1944 年 12 月 12 日早上，他"突然发现眼前一片漆黑，失去光明"，看不见任何东西。面对突然发作的病情，他首先想到的是等他上课的学生，因为他从教近 20 年，从未缺过课。于是立即叫长女流求去学校请假。[2]

陈寅恪上课即使学生人数很少，他也从不计较，从不马虎。自 1948 年开始他在岭南大学教书，因岭南大学的规模小，读历史专业的学生人数很少，尤其是 1950 年那一届只有三人。

---

〔1〕 孟宪实：《新发现的陈寅恪书信》，载《光明日报》2005 年 11 月 8日。

〔2〕 王川：《学界泰斗：陈寅恪》，广东人民出版社 2006 年版，第 105页。

"有一个学期他讲授《唐代乐府》，仅有一名学生选修。虽然如此，陈先生照样上课，而且绝无半点马虎。"[1]

（二）以探究为旨归的教学方式

陈寅恪在教育实践中的着力点，不是一时一事一个结论的解析，更不是历史知识的单一传授。而是基本思想、基本方法的阐发与引导，他的学生因此而从治学的基本门径上得到训练，并从自身实际出发，在不同学术方向取得创获。

1. 历史观的突显

陈寅恪在开课之初，往往专讲他的历史观。他的学生李坚曾回忆说："他（陈寅恪）首先强调历史是一门科学，是可以通过科学方法和历史事实加以印证的。……他认为人类历史从整体看，是统一的，存在因果关系，有其轨迹可寻；从部分看，他又是多样性的，世界上绝无完全相同的历史现象重演。因其有轨迹可寻，故研究历史可以垂教于后世；又因其是多样性的，故不存在放之四海而皆准的必然规律。"[2] 历史观讲授完毕，陈寅恪再结合所授课程讲述要点。如1932年秋，陈寅恪在上"晋至唐文化史"课时，首先说明本课将论此时期民族精神生活（包括思想、哲学、宗教、艺术、文学等）与社会环境（包括政治、经济、社会组织等）互相影响诸问题。他讲课只讲条件，不轻言因果。在讲述完所授课程的要点后，他会强调前人的研究成果与不足，如他曾指出研究文化史有二失："旧派失之滞，只堆材料，而无解释，不能使人了解人民

[1] 张杰、杨燕丽选编：《追忆陈寅恪》，社会科学文献出版社1999年版，第294页。
[2] 张杰、杨燕丽选编：《追忆陈寅恪》，社会科学文献出版社1999年版，第247页。

精神生活与社会制度的关系；新派失之诬，引用研究西洋历史所得出的结论解释中国历史，对人类活动共同之处可以适用，而中国材料超出西洋材料范围之外的就不适用，一概套用就不准确了。"[1] 这可以使学生在接触一门新的课程时，能很清晰、快捷地从宏观上把握研究的要领。

2. 研究原则的呈现

陈寅恪在讲研究原则时首先强调实事求是。他常对学生说：有一分史料讲一分话，没有史料就不能讲，不能空说。他以身作则，总是在提出充分史料之后，才能讲课。[2] 曾任陈寅恪助手的王永兴谈道："当时上课是在寅恪先生家里，一般有二三十个学生，上课之前他指定我在黑板上写史料，然后，坐在一把藤椅上，问我写了些什么材料，我一一和他说。没有材料，他是从来不讲课的。两黑板的材料讲完了，我于是再写。"[3] 陈寅恪做备课笔记和讲义，主要是汇编史料，所要表达的观点并未明确标出，但参看所附几则听课笔记后，则知其在史料汇编背后所要表达的观点非常明晰。陈寅恪在燕京大学讲课时，国文系一同学在毕业论文后列举了大量参考书目，以矜奇炫博。陈寅恪见到后就问："这些书你都看过吗？"该同学支支吾吾，陈寅恪当即指出："有些书只有北平图书馆藏有，柏林图书馆也有，而内地不会有这些书。"他告诫该同

〔1〕　卞僧慧：《试述陈寅恪先生治学特点》（下），载《文史知识》1991年第7期，第9页。

〔2〕　张杰、杨燕丽选编：《追忆陈寅恪》，社会科学文献出版社1999年版，第204页。

〔3〕　张杰、杨燕丽选编：《追忆陈寅恪》，社会科学文献出版社1999年版，第209页。

学，做学问要实事求是，没有看过的书，不应列入充数。[1]
陈寅恪经常告诫学生："人们都有私心杂念，都希望别人写出
来的历史符合自己的利益，因此，要求写出来的历史使人人都
满意是办不到的。不过应该要求写出来的历史，使人人都感到
无懈可击。这就要求史学工作者超然物外，不存偏私，用全部
精力去掌握历史材料，再现历史真实，然后才能正确作出是非
和道德的判断。"[2] 石泉在写论文的过程中曾多处引用了黄
睿（秋岳）所著的《花随人圣庵撷忆》一书，因其有很多珍
贵的史料。然此人黄睿（秋岳）是抗战初期的汉奸，当时燕
京大学的老先生看到后，都很反对引用汉奸的作品。但当石泉
把此事告诉陈寅恪时，陈寅恪却说："只要有史料价值，足以
助我们弄清问题，什么材料都可用，只看我们会不会用，引用
前人论著，不必以人废言。"[3]

其次是博取众长。陈寅恪在课堂上经常告诫学生："在研
究方法上，切忌拘泥于一派一家之见，而主张博取众长，融汇
百家。"[4] 如他经常指点学生运用多种语言进行研究的方法。
他的学生姜亮夫曾回忆说：

陈寅恪先生上课真了不起，有些地方虽然我还听不大懂
（因为我外语基础差、佛学经典知识亦少），但我硬着坚持听

---

[1] 王学信：《永远的陈寅恪》，载《海内与海外》2002 年第 11 期。

[2] 张杰、杨燕丽选编：《追忆陈寅恪》，社会科学文献出版社 1999 年
版，第 248 页。

[3] 张杰、杨燕丽选编：《追忆陈寅恪》，社会科学文献出版社 1999 年
版，第 258 页。

[4] 张杰、杨燕丽选编：《追忆陈寅恪》，社会科学文献出版社 1999 年
版，第 247 页。

下去，能记尽量记，课后再与同学对笔记，得到许多治学方法，所以我对寅恪先生极其佩服。例如寅恪先生讲《金刚经》，他用十几种语言，用比较法来讲，来看中国翻译的《金刚经》中的话对不对，譬如《金刚经》这个名称，到底应该怎么讲法，那种语言是怎么说的，这种语言是怎么讲的，另一种又是怎样，一说就说了近十种。陈先生说："做学问的工具愈多愈好，但一定要掌握一个原则，这工具和主要研究工作要有联系的，不能联系的不要做。"[1]

3. 研究方法的指导

陈寅恪一贯的教学指导思想是："通过讲课教给学生研究问题的方法，培养学生独立研究的能力。"[2] 他依次从选择文献、鉴别史料、分析史料的步骤来指导学生研究方法。

陈寅恪在讲课时，首先非常注重参考文献的选择，他对学生指出，教科书不过是"参考"书，不能作为研究的"依据"，就是说不是一手资料，不能据此进行学术研究。陈寅恪常对学生说"说食不饱"，他对选修"晋至唐史"的学生按不同层次，提出了不同要求：

（1）最低限度要求政治史部分读《通鉴》有关部分；典章制度部分读《通典》；天宝以后用新旧《唐书》诸志补足。

（2）进一步：可阅《晋书》《南》《北史》《新唐书》。

（3）进行研究：再加宋、南齐、梁、陈、魏、北齐、周、

---

[1]　张杰、杨燕丽选编：《追忆陈寅恪》，社会科学文献出版社1999年版，第71~72页。

[2]　齐家莹编：《清华人文学科年谱》，清华大学出版社1999年版，第366~368页。

隋、旧唐诸《书》，《册府元龟》《太平广记》，以及诗文集、笔记，如《文苑英华》《全唐诗》《全唐文》《世说新语》等。

（4）新材料：以上都属旧材料，研究还要利用新材料。历史的新材料：在上古史部分，如甲骨、铜器等；中古史部分，如石刻、敦煌遗书、日本藏器等。[1]

他常对学生说："对于上古史的新材料如甲骨铜器等的使用前提是必须要熟经，对于中古史的新材料如石刻、敦煌文书日本藏器等的前提是必须要熟史，切忌'牵强附会'。"[2]

其次是鉴别史料。在罗列完书目后，陈寅恪会指出在运用新旧史料的过程中应该对史料进行充分的鉴别。他强调：在运用旧史料时，一定要重视一手文献资料如《资治通鉴》《通典》的价值。在掌握一手资料的基础上再读以后的著作文集。在利用新材料时，陈寅恪要求学生必须对旧材料特别熟悉，才能利用新材料。他指出新材料多属于零星发现的材料，因此必须很熟悉旧材料，才能更好地利用新材料，将新材料安置于适当的位置。只有这样才能综合运用新旧材料，做到"以故释新，以新证故，用补阙疑，而正谬误。"[3]

为了使学生对如何鉴别史料有更深的了解，陈寅恪会在课堂上列举众多实例来引导学生。如在讲"晋至唐史"的课上，陈寅恪向学生谈到，目前很多人喜欢用《文献通考》来代替

---

〔1〕 卞僧慧：《试述陈寅恪先生治学特点》（下），载《文史知识》1991年第7期，第10页。

〔2〕 周启锐编：《载物集：周一良先生的学术与人生》，清华大学出版社2003年版，第164页。

〔3〕 蒋天枢：《陈寅恪先生编年事辑》（增订本），上海古籍出版社1997年版，第94~97页。

《通典》，"因其包括的时代长，使用方便。其实，《通考》是类书，作者马端临是宋末元初人，其书价值在于对宋朝史事的批评，姑不论其议论之是非。关于宋以前的材料，亦不过抄《通典》、《通鉴》、正史诸书。今原书具在，不必用《通考》。杜佑《通典》是著作，不仅抄录，有考证，价值比《通考》等类书高。"〔1〕。同时陈寅恪还指出目前的许多大学课本引用的材料大多辗转抄袭，因此会抄错或断章取义，不合实情，也有的课本引用的材料，内容简陋甚至错误，要求学生必须引起注意，认真阅读。

最后是分析史料。陈寅恪讲课并非孤立地讲方法，而是通过对史料的具体分析来传授研究方法。周一良曾对洪煨莲和陈寅恪的授课方法做了一下对比。他回忆洪先生讲授史学研究方法："只要你掌握五个 W，你就掌握了历史。五个 W 者，Who（何人）、When（何时）、Where（何地）、What（何事）、How（如何）也。"〔2〕 而周一良在谈到陈寅恪时说："陈先生谈问题总讲出个道理来，亦即不仅细致周密地考证出某事之'然'，而且常常讲出其'所以然'，听起来就有深度，说服力更强。联想洪先生五个 W 之说，就觉得缺第六个更大的 W 即 Why（为何），未免有不足之感了。"〔3〕 我们从万绳楠整理的《陈寅恪魏晋南北朝史讲演录》里可以看出陈寅恪对"羯族"

〔1〕 卞僧慧：《试述陈寅恪先生治学特点》（下），载《文史知识》1991年第7期，第10页。

〔2〕 张杰、杨燕丽选编：《追忆陈寅恪》，社会科学文献出版社1999年版，第158页。

〔3〕 张杰、杨燕丽选编：《追忆陈寅恪》，社会科学文献出版社1999年版，第159页。

的考证就是一个亲手示范给学生看的小案例：

在文章中陈（陈寅恪）从崔约的话中知道"羯人目深"；又从冉闵杀戮的胡羯人的特征"高鼻多须"归纳出羯人具有中亚人的种族特征；从新唐书西域传中和大唐西域记中的文字证明柘羯就是赭羯，为战士之意；从昭武九姓的战士都是月氏人来证明羯族实际就是月氏人；又从赭时是石国的意思，石国王室以石为姓，所以石勒出于石国。又指出"赭室就是赭时（石）的异译"，石勒的勒就是"匐勒的省略"，用此来反证上面对羯人的考证。[1]

陈寅恪还经常在讲课的过程中对研究方法作即兴示范，例如：1936 年 2 月 10 日，在"晋南北朝史"课堂上，有同学提出张尔田的《与吴雨生论陈君寅恪〈李德裕归葬辨证〉书》一文，问老师的意见。陈寅恪马上自述所用的考证方法："先确定'时'与'地'，然后核以人事。合则是，否则非。'时'与'地'的交叉点，犹如解析几何的直角坐标。张尔田争论的问题牵涉到李商隐的'巴蜀游踪'诸诗。按张的说法，时间顺序和游踪行程不同，诗中所反映的史实亦与他所定年份的时事不合，实在滞碍难通……因述于此，以为初学考证史实之参考（文集三页 46~47 页）。"[2]

4. 教学内容与最新研究成果的融合

陈寅恪认为讲课必须有新意，使同学每听一堂课就有听一

〔1〕 周启锐编：《载物集：周一良先生的学术与人生》，清华大学出版社 2003 年版，第 165 页。

〔2〕 卞僧慧：《试述陈寅恪先生治学特点》（下），载《文史知识》1991年第 7 期，第 11 页。

堂课的益处，才不算白讲。早在清华执教时期他就坚持"四不讲"，即"前人讲过的，我不讲；近人讲过的，我不讲；外国人讲过的，我不讲；我自己过去讲过的，也不讲。现在只讲未曾有人讲过的。"[1] 陈寅恪常说："若干年讲同样的，印而刊之可也，又何必上课哉。"[2] 如所讲之课已经写成文章发表，或著作出版了，人人都可以买到看到，陈寅恪就不再开设此门课程了。陈寅恪认为再开此课，必然照本宣科，浪费大家的时间。例如先生发表过不少篇有关魏晋南北朝的文章：《桃花源记旁证》《东晋南朝之吴语》《陶渊明之思想与清谈之关系》等，就不再开魏晋南北朝史一课了；又如出版了《隋唐制度渊源略论稿》和《唐代政治史述论稿》两书之后，就不再开隋唐史一课了；又如油印出《元白诗笺证稿》一书后，也就不再开元诗一课了，他都类是。[3] 他的学生梁嘉斌曾说："寅师授课，恒闭目而思，端坐而讲，奋笔（粉笔）而书，所举史料详记卷数页数，反覆论证，数满黑板，所论者皆关宏旨，绝无游词，每堂皆自立己说，非好奇立异，目的实只在求真，对同学发生强烈启发作用。……寅师一堂所授，真是令人耳不及听目不暇给。寅师授课，创见（Discovery）极多，全非复本（Reproduction）。"[4] 陈寅恪每一讲有每一讲的创获和新

〔1〕　云南省政协文史资料研究委员会等编：《云南文史资料选辑》（第34辑），云南人民出版社1988年版，第76页。

〔2〕　张杰、杨燕丽选编：《追忆陈寅恪》，社会科学文献出版社1999年版，第239页。

〔3〕　张杰、杨燕丽选编：《追忆陈寅恪》，社会科学文献出版社1999年版，第254~255页。

〔4〕　张杰、杨燕丽选编：《追忆陈寅恪》，社会科学文献出版社1999年版，第112页。

意，多发前人未发之覆。因此，他讲课虽然只是平铺直叙，但是听者并不感到枯燥。课堂上"大家都聚精会神地听讲，既没有人窃窃私语，也没有人传纸条。因为内容丰富而精彩，大家都知道机会难得，不应该轻易把它放过，每当下课铃响大家都有依依不舍，时光流逝太快之感。"[1]

四、课外的"从游"

（一）神聊中的"咳玉唾珠"

陈寅恪高度的文化使命感使得他不止于在课堂上传道授业，同时他还尽力在课外教诲学生，对登门拜访的学生也总是循循善诱、诲人不倦。即使是随意地闲聊，也使学生获得很多的知识。清华国学研究院学生陈哲三回忆说：

> 他（陈寅恪）的书房各国各类书都有，处处是书，我们进去要先搬搬挪挪才能坐下。……平日讲书，字字是精金美玉，听讲之余，自恨自己语文修养太差，不配当他的学生。有一次到他家，陈先生请来访学生品尝葡萄酒。当学生向他请教葡萄酒的来历时，陈氏侃侃而谈，一口气将葡萄原产何处，名为何，流传的时间和地方，酒名的改变以及各国与相关的文字演变之迹，它的传播之路径等悉数出，令学生们大为叹服。而这对陈氏来说，则不过"渔樵闲话"。无怪乎学生们每次趋叩师门，都要怀揣小笔记本（而且不止一本），以备不时

---

[1] 张杰、杨燕丽选编：《追忆陈寅恪》，社会科学文献出版社1999年版，第117页。

之需。[1]

梁嘉彬也曾回忆说:"寅师之德:温、良、恭、俭、让五字可以括之。其教学系采有教无类主义。弟对于中国上古中古近古史,自问实未下工夫,寅师恒接之以温,每有请益,必循循善诱,多方指示不倦。上课、下课,鞠躬如也。"[2]

陈寅恪这种课下自由式的漫谈给了学生很多启示。学生罗香林曾回忆道:

我在清华念书的时候,陈师曾对我说,从闽粤迁去义宁的客家人,多数以耕读为业,因为生性耐劳,勤于读书,所以考秀才的时候,本地人往往以学额被客家学子多分去了,便出而纷争,甚至阻挡客家弟子入场应考,后来由封疆大吏请准朝廷,另设"怀远籍"学额,专给客家人应考,与原来的学额无关,这才把纷争平息。陈师一家,自他高祖胜远公,以至他父亲伯严先生(三立),都是由"怀远籍"入学,以至逐级考获各种高科的。……这也是陈师因我研究客家语言和历史,所以特别对我说的。[3]

众所周知,陈寅恪性情沉郁内敛,尤其在课堂上总是严肃认真、不苟言谈,然私下在随意的闲聊中总是给学生以启迪,

[1] 张杰、杨燕丽选编:《追忆陈寅恪》,社会科学文献出版社 1999 年版,第 87 页。

[2] 张杰、杨燕丽选编:《追忆陈寅恪》,社会科学文献出版社 1999 年版,第 113 页。

[3] 张杰、杨燕丽选编:《追忆陈寅恪》,社会科学文献出版社 1999 年版,第 100~101 页。

给学生以知识。

石泉的硕士毕业论文题目也是课下在与其老师陈寅恪的闲聊中定下的。石泉的学位论文题目是《甲午战争前后之晚清政局》，石泉回忆说自己能选这个题目，是在某日夜间陪陈师聊天时谈定的。石泉谈道：

当时陈师问他想作什么毕业论文题目，对哪方面感兴趣，石泉回答说，对中国近代史感兴趣……自己则想探索甲午战争中国惨败的内政背景，从研究晚清的满汉关系入手，进而说明为什么中国当时不能像日本明治维新那样形成强有力的核心领导集团，以推动改革、维新，反而在太平天国失败以后导致湘淮军等地方实力派的逐渐得势，又统一趋于分散，终于演成后来的军阀割据。其中满汉之间（特别是满族当权派与汉人之间）的民族隔阂与矛盾究竟起了什么作用？而这对于甲午惨败又有什么影响？……不料陈师听后却表示同意，认为此题可作，但材料隐晦，必须下功夫搜集，并善于分析、鉴别才行。陈师最后说："我可以指导你，其实我对晚清历史还是熟习的；不过我自己不能做这方面的研究。认真做，就要动感情。那样，看问题就不客观了，所以我不能做。"这使得他大为意外，也喜出望外。后来就与陈师商定以《甲午战争前后之晚清政局》为题，开始搜集材料。1948 年写成一篇 15 万字的论文。[1]

此外，陈寅恪还曾对学生聊自己的家世、家风、父祖为

---

[1] 张杰、杨燕丽选编：《追忆陈寅恪》，社会科学文献出版社 1999 年版，第 257~258 页。

人、教学、治学、处世、待人以至国外风土人情、趣闻轶事，等等。陈寅恪随口而说的话有很多都是很有价值的零星史料，如他的学生石泉回忆说：

（1）陈师谈到早年家住湖南与谭嗣同家有交往。谭嗣同幼年丧母，受继母虐待，常常跑到陈家去哭。谭热情奔放、易于激动的性格，恐与早年家庭环境有关。

（2）文廷式（芸阁）是珍妃入宫前的老师，甲午前后政局中的活跃人物，帝党的骨干。珍妃受太后打击而失势之后，文亦被革职回籍，他是江南才子、榜眼，与陈家同乡，早就认识。戊戌政变前不久，清廷又密旨拿问，文先得到消息，就从家乡逃出，投奔湖南长沙抚台衙门。陈师的祖父、当时湖南巡抚陈宝箴收留了他，在陈家住了三天，随后由陈家资助他三百两银子，由湖南逃往日本避难，直到庚子以后才回国。陈师说，此事如果当时北京的朝廷得知，就不得了。但陈师的祖父、父亲还是担当风险，掩护了他。

（3）陈师谈过翁同龢的一个笑话。说是李木斋亲自听到的事：翁久任户部尚书（按：在光绪十一至二十四年间）。甲午败后，有一次，王大臣商议要编练新式军队，有人提到，一朋（今称"排"）三四十个士兵，每人要发一支步枪。翁听后，立刻反驳说："哪里要那么多枪！一朋有一支枪也就够了。"因为他是管钱的，深怕枪多了，又要多花钱。这说明当时政府的高级官员（财政部长）对于军队改革的新政无知到什么程度！[1]

---

〔1〕　张杰、杨燕丽选编：《追忆陈寅恪》，社会科学文献出版社 1999 年版，第 261 页。

陈寅恪有时谈明清掌故，会帮助学生解释很多暗语："僧道相争，僧礼佛甚勤。僧当指醇王，字朴庵；道，指恭王，号乐道堂主，佛则指太后，当时宫中久已称太后为'佛爷'。隐语解通后，甲申政局变动前恭、醇两王之矛盾及太后与醇王之密谋，就有增一证据。"[1] 这些零星的史料对于做近代史研究的石泉来说，是从有记载的史书上所无法获得的，然却从陈寅恪随意的闲谈中获得了第一手的珍贵史料。除此以外，陈寅恪还极其幽默，私下里笑话极多。陈哲三曾回忆说：

> 有天我们在座，他（陈寅恪）说："我有个联送给你们：南海圣人再传弟子，大清皇帝同学少年。"当然是说我们是梁任公、王静安的学生，是康有为的再传人，是溥仪的少年同学。大家哄堂大笑。更妙的是北伐成功，全国统一后，政府派罗家伦接掌清华，罗先生去看陈先生，我们同学也在座，罗先生送给陈先生一书《科学与玄学》，记叙张君劢、丁文江辩论的一段文坛旧事，陈先生翻了翻便说："志希，我送你一联何如？"罗说："甚好，我即刻去买上好的宣纸来。"陈说："不用了，你听着：不通家法科学玄学，语无伦次中文西文。"罗一摆手，大笑不止。陈先生又说："我再送你一个匾额：儒将风流。"又说："你在北伐军中官拜少将，不是儒将吗？你讨了个漂亮的太太，正是风流。"他才思敏捷，诙谐风趣大率类此。[2]

---

〔1〕 张杰、杨燕丽选编：《追忆陈寅恪》，社会科学文献出版社 1999 年版，第 260 页。

〔2〕 张杰、杨燕丽选编：《追忆陈寅恪》，社会科学文献出版社 1999 年版，第 87~88 页。

即使在硝烟弥漫的战争年代，陈寅恪也不乏幽默。陈寅恪在西南联大教书时，为了躲避日机的轰炸，大家不得不随时准备钻防空洞。陈寅恪见大家紧张而辛苦，还特意拟了一副对联"见机而作，入土为安"，使得在场者不禁莞尔一笑。

师生间在谈经论道的过程中，形成了一种非常亲密的关系。一般来说在平时的课堂上，教师只能论及与课程内容密切相关的内容，而课外的学术聊天则没有严肃呆板的教学程式、没有系统的教学内容，教师可以根据自己的兴趣漫无边际地发挥，这就使得许多课堂上没有谈及的话题被谈及，成为学生思想的营养。同时这种课外的漫谈，还陶冶了学生的性情。

（二）无声的人格感化

陈寅恪一生惜时如金，专心教书与著述，对与学术无关的事务性工作，他概不担任。虽然他多年任史语所第一组主任工作，但纯属挂名，实际是傅斯年兼任他的工作。但对于门生弟子的事情，无论是学术、生活还是工作，陈寅恪都毫不吝啬自己的时间，他总是不遗余力地给予学生帮助。

在清华教书时，学生朱延丰因为失恋，两个星期没有去上课。陈寅恪知道此事后非常着急，并派罗香林等学生一同出去找朱延丰。同时给胡适写信，安排朱延丰做翻译工作，以此来摆脱相思之苦。罗香林的父亲在兴宁去世，陈寅恪接到讣告后，立即亲自撰写挽联一对，寄往兴宁。那挽联说："惜公抱经世才而未竟其用，有子治专门学能不负所期。"[1] 这对学生罗香林来说是极大的鼓励。1949 年的端午节，罗香林去拜

〔1〕 张杰、杨燕丽选编：《追忆陈寅恪》，社会科学文献出版社 1999 年版，第 104 页。

访陈寅恪时，陈寅恪当即对罗香林说："前几天你的本家，那撰写《诗乐论》的罗孟苇来看我，我就说他，单看那本书，就非走不可；此后如时局好转，自然很好。不然，则像你是撰作《国父家世源流考》的，那还能不早为之计吗？"[1] 因当时罗香林所撰写的《国父家世源流考》，从时局来讲极其不合时宜，怕罗香林因为撰写此著而招来政治灾难，劝他尽快离开中国大陆，关心之情溢于言表。

抗日战争结束后，陈寅恪返回清华教书，因失明故需当时在北大教书的学生王永兴做助手。当时王永兴住在城里，每天都坐清华的紫白校车去老师家里做助手。而1947年1月，清华庶务科却通知王永兴去清华西校门看房子，当时王永兴也很迷惑不解，因为他从未向学校申请住房，后来也就没有再想此事。直到1990年刘桂生和其弟子欧阳军喜查阅清华大学校史档案时才查到，陈寅恪为了给学生王永兴安排住房亲自写信给梅贻琦，并让其爱人唐篔亲临梅贻琦家解决王永兴的住房问题。信内容如下：

月涵（永兴按，"月涵"即清华大学校长梅贻琦。）吾兄先生左右：王永兴先生住宅事当由雷伯伦先生（永兴按，即该时历史系主任雷海宗先生。）面商，兹再由内子面陈一切。鄙意有二点请注意。

（一）规则问题：清华住房之规则或有困难，但王先生系北大之教员，暂时以友谊关系来住清华，助弟授课，若以客人之身份暂住适当之房屋，似不在前定之规则限制之内，可否通

[1] 张杰、杨燕丽选编：《追忆陈寅恪》，社会科学文献出版社1999年版，第110页。

融办理，或有其他办法则更佳。

（二）事实问题：若王先生无适当之房屋，则其牺牲太大，弟于心亦深觉不安，勉强继续此种不安之情态，恐亦不能过久。则弟之工作势必停顿。思维再四，非将房屋问题解决不可。解决之法唯求吾兄曲念苦衷及实际困难情形，设一变通之策，谅亦不至有他种同类情形援此例以阻碍规则之施行也。详情悉由内子面陈，敬希鉴谅为荷。专此奉恳，并候俪祉。

弟寅恪谨启　一月十三日[1]

对于上文，当王永兴知道此事后，感慨万千地回忆道："敬读四十三年前先生致梅贻琦校长的信，我如大梦初醒，悲感万分。为了我的住房，先生写信，师母亲临梅家。几十年中，先生和师母从未说过。长时间中我受到先生的护持也竟不知，而今禀谢无由，至感悲愧。此时，我想到旧日清华大学的校训：'自强不息，厚德载物。'先生乃厚德之人也。"[2]

梁嘉彬从日本留学回来后，境况一直不好。对于这位已经毕业多年的学生，陈寅恪仍然多加呵护，曾两次给中央大学校长罗家伦等人写信推荐，后来经过他力荐，梁嘉彬进入浙江大学任教。此过程，梁嘉彬回忆道："寅师为寄两函介见重庆国立中央大学校长罗家伦，第遂再关山万里走重庆，罗不能用。叩朱师逖先（希祖）之介，仅在重庆南岸之私立庆益中学任教员。……居无何，寅师自香港来电（系由云南大学吴晗教

---

〔1〕 王永兴：《陈寅恪先生史学述略稿》，北京大学出版社 1988 年版，第 456~457 页。

〔2〕 王永兴：《陈寅恪先生史学述略稿》，北京大学出版社 1988 年版，第 456~457 页。

授转来），云已与国立浙江大学商妥，嘱即转往广西宜山就该校讲席。"[1] 抗日战争后，学生程靖宇不愿离开南方，陈寅恪遂推荐他到南开大学教授近代史、外交史及西洋通史。

陈寅恪不仅为自己的弟子推荐职位，就是别人的弟子，他也一股子热心肠，不遗余力地推荐，甚至以自己的人格担保。如他在向陈垣推荐吴其昌的信中谈道：

> 再启者：吴君其昌清华研究院高材生，毕业后任南开大学教员，近为美国斯丹福大学经济学会搜集中国经济史材料，吴君高才博学，寅恪最所钦佩，而近状甚窘，欲教课以资补救。师范大学史学系，辅仁大学国文系、史学系如有机缘尚求代为留意。吴君学问必能胜任教职，如其不能胜任，则寅恪甘坐滥保之罪。专此奉陈，并希转商半农先生为荷。
>
> 寅恪再启。九月十三日。[2]

吴其昌初是从清华国学院毕业，是梁启超的弟子，另外在考古方面师承罗振玉。从清华国学院毕业后，吴其昌在陈寅恪的引荐下曾担任辅仁大学的讲师。

同样的例子还有：陈寅恪写信向陈垣推荐孙道升，信中曰：

援庵先生著席：

孙君道升，前清华哲学系毕业高材生，学术精深，思想邃

---

[1] 张杰、杨燕丽选编：《追忆陈寅恪》，社会科学文献出版社 1999 年版，第 113~114 页。

[2] 张杰、杨燕丽选编：《追忆陈寅恪》，社会科学文献出版社 1999 年版，第 377 页。

密，于国文尤修养有素，年来著述斐然，洵为难得之人材。闻辅仁附属高中国文课尚需教员，若聘孙君担任，必能胜任愉快也。专此介绍，敬颂道祺。

寅恪拜启。七月二十三日。[1]

其实这些事并不是因对方恳托而不得不管，而是陈寅恪心甘情愿地揽下来的，且做好事从不留名，默默地帮助学生。这种帮助润物细无声地滋养了学生的德行。

第三节　学术生命的传承与人格风范的延播

一、学术血脉的延续

（一）学术道路的延续

陈寅恪是旧中国史学界的"金字招牌"，他一生辗转授徒，杏坛传薪，桃李遍天下。在西北史、蒙藏绝学、佛学义理、中古文史、敦煌学、突厥学等诸多学科都撒播学术种子，留下了学术血脉，不少学人得到他的悉心点拨而成名成家。他集研究与教学为一体，在课堂上把自己的研究过程完整地展示给学生，而在这一过程中，学生对陈寅恪所研究学科的美妙之处及其价值心有所感，开始沉潜其中。很多弟子就是在听课的过程中踏入了某一特定的学术道路中。

季羡林原来在清华学的专业是西洋文学史，但当他旁听了陈寅恪的佛经翻译文学后，即改变了学术方向，开始从事佛学研究。对于这样的转变他曾说：

---

〔1〕　张杰、杨燕丽选编：《追忆陈寅恪》，社会科学文献出版社 1999 年版，第 379 页。

· 067 ·

　　总之，我在清华4年，读完了西洋文学系所有的必修课，得到了一个学士头衔。现在回想起来，说一句不客气的话：我从这些课程中收获不大。欧洲著名的作家什么莎士比亚、歌德、塞万提斯、莫里哀、但丁等等的著作都读过，连现在忽然时髦起来的《尤利西斯》和《追忆似水年华》等等也都读过，然而大都是浮光掠影，并不深入，给我留下深刻印象的课反而是一门旁听课和一门选修课。前者就是在上面提到的寅恪师的"佛经翻译文学"……离开了水木清华……我在济南教了一年国文，就到了德国哥廷根大学。到了这里，我才开始学习梵文、巴利文和吐火罗文。在我一生治学的道路上，这是一个极关重要的转折点。我从此告别了歌德和莎士比亚，同释迦牟尼和弥勒佛打起交道来。不用说，这个转变来自寅恪先生的影响。[1]

　　可以说，陈寅恪的讲课给季羡林带来了学术道路的巨大转变，季羡林在哥廷根大学，师从陈寅恪的同门师弟瓦尔特施米特教授，专攻令人生畏的梵文、巴利文和吐火罗文，走的治学道路与陈寅恪如出一辙。

　　周一良是我国当代著名的历史学家，所治之学涉及魏晋南北朝史、佛学、敦煌学、世界史和中外关系史等领域，其中魏晋南北史是他的"招牌"研究。按照戴逸在为《二十世纪中国史学名著》撰写的总序中所提出的对现代历史学家的分类标准："周一良应该算是20世纪第三代史学家，起到了承前启

---

　　〔1〕　张杰、杨燕丽选编：《追忆陈寅恪》，社会科学文献出版社1999年版，第123～124页。

后的作用，融乾嘉朴学、西方近代史学、马克思主义史学三种
训练于一身，面对中国史学研究的发展已经站在了超越前人研
究的历史高度，有给后来者开辟一条广阔的研究方向。"[1]
周一良能在魏晋南北朝史研究中取得如此的成就，他曾谈：
"老师邓之诚将他带入此领域；另一位恩师洪业在方法学上让
他得到了严格的学术训练，陈寅恪则使他决心终身致力于
此。"[2] 周一良和陈寅恪的师徒名分是比较独特的，因为当
时陈寅恪在清华教书，而周一良却是燕京大学的学生。二人师
徒名分是周一良多次前往清华偷听陈寅恪的讲课而确立的，可
以说周一良并不是正式注册的陈寅恪的学生。但周一良却是陈
寅恪亲口承认的为数不多的门下知名弟子之一。二人一度过往
甚密，桃李情深。周一良自第一次听陈寅恪的课便佩服得五体
投地，以后风雨无阻，每周他都到清华听陈寅恪讲课，这种听
课状态持续了一年。后来周一良在南京语言所工作时，还委托
别人为他记录陈寅恪的听课笔记，以便随时浏览。在听课的同
时，周一良还广泛搜集陈寅恪所发表的论文，悉心研读，仔细
领会陈寅恪的学术风格和治学神韵。

邓广铭是历史研究领域中建树颇多的学者。邓广铭经常感
激地说："我在治学的方法方面所受到的教益，较之在北大读
书四年之所得，或许可以说是有过之而无不及的。"[3] "我在

〔1〕　孟刚：《与你金针开生面——浅述周一良对他史学研究入门的影
响》，载周启锐编：《载物集：周一良先的学术与人生》，清华大学出版社
2003 年版，第 164 页。

〔2〕　胡喜云：《数十载融会贯通　曾几番启路辟航——周一良先生对魏
晋南北朝史学的研究》，载《北京行政学院学报》2010 年第 2 期，第 98 页。

〔3〕　张杰、杨燕丽选编：《追忆陈寅恪》，社会科学文献出版社 1999 年
版，第 235 页。

此后的治史方向，基本上就是依照陈先生的指引的。"[1]

（二）学术领域的精进

陈寅恪研究范围遍及多个方面，前承我国传统史学，后参照西方人文社会科学的理论及方法，奠定了近代史学的基础，并对许多前人未及或者悬而未决的重大问题，进行了开创性的探讨。为学固重师承，然更需要自己去认真下功夫，另辟蹊径，超越前人，"青出于蓝而胜于蓝"。陈寅恪的学生们并没有完全囿于他的研究范围，而是四面出击，沿着陈寅恪开辟的学术道路继续探究，在自己的研究领域各有所获。

周一良虽非陈寅恪的及门弟子，然自从周一良于1936年秋放弃燕京大学的硕士学位，进入陈寅恪指导的历史语言研究所历史组工作开始，周一良"相继撰成《南朝境内之各种人及政府对待之政策》、《宇文周的种族》和《领民酋长与六州都督》等文章，被当时史学界公认为陈氏的衣钵传人"。[2]尽管周一良自谦其文章"虽不无一得之见，但殊乏突破之功，它们在有关领域中未能构筑巍峨大厦，而只起了添砖加瓦的作用"[3]。"然而从1935年的《魏收之史学》至20世纪80年代的多篇文章，周一良对魏晋南北朝史学的研究经历了由个案式向全面考察的融会贯通，在一定程度上体现了魏晋南北朝史学研究史的发展历程。尽管他在魏晋南北朝史学研究领域并非

---

〔1〕 张杰、杨燕丽选编：《追忆陈寅恪》，社会科学文献出版社1999年版，第234页。

〔2〕 胡喜云：《数十载融会贯通　曾几番启路辟航——周一良先生对魏晋南北朝史学的研究》，载《北京行政学院学报》2010年第2期，第98页。

〔3〕 胡喜云：《数十载融会贯通　曾几番启路辟航——周一良先生对魏晋南北朝史学的研究》，载《北京行政学院学报》2010年第2期，第102页。

开宗立派的宗师，其相关研究亦'未能构筑巍峨大厦'，且有可商榷之处，然而他所添砖瓦多有突破前人之处，反映了他循风气之先的史识，有启迪后学、开辟蹊径之功。"[1]

杨联升是一位杰出的历史学家，是海外汉学的先驱者。他的经典论文如《国史诸朝兴衰刍论》《帝制中国的作息时间表》《侈靡论——传统中国一种不寻常的思想》《从经济角度看帝制中国的公共工程》《报——中国社会关系的一个基础》以及诸多重要书评，都是以训诂考证的微观和社会科学的宏观相阐发，广涉人类学、社会学、经济学和法律学等各专业学科。其中，《报——中国社会关系的一个基础》堪称社会学论文之经典，屡被引证，尤为社会学家所激赏。《侈靡论——传统中国一种不寻常的思想》则从中国传统经济思想史上发掘出一种近乎现代凯恩斯以来的关于消费的经济理论。他在中国史的相关研究领域做出了许多开创性贡献，被誉为"中国文化的海外媒介"。哈佛燕京学社社长叶理绥（Serge Elisseeff）曾言："杨联升教授受过最严格的现代学术训练，是最杰出的中国史学家。"胡适则在致杨联升的信中推崇他是"最渊博的人"。

罗香林在民族史、唐史、香港史等方面都做出了突出的贡献。如在民族史学方面，罗香林先后著有《客家研究导论》《客家源流考》和《客家史料汇篇》等传世之作。其中《客家研究导论》为一部客家研究的指导性论著，是目前国内外有志于研究客家的学者必备的案头参考书，罗香林也因此被誉为

---

〔1〕　胡喜云：《数十载融会贯通　曾几番启路辟航——周一良先生对魏晋南北朝史学的研究》，载《北京行政学院学报》2010 年第 2 期。

客家问题研究的奠基人；在唐史方面，罗香林研究功力甚深，数十年如一日，取得了巨大的成就，所写的专著有《唐代文化史研究》《唐代文化史》《唐代桂林之摩崖佛像》《唐代广州光孝寺与中印交通之关系》《唐元二代之景教》，论文更是不计其数。并且罗香林在唐史研究方面有不少新的发现，如对唐"天可汗"制度方面的研究。罗香林指出唐代自太宗时起，"天可汗"一方面为中国之皇帝，而同时又受中国以外之各国共同拥戴。所谓"天可汗"，就是诸国向化的可汗，即国际上所以和绥的中心。这一研究突破了以往史学界对"可汗"的传统认识；在近代史方面，罗香林先后所著《国父家世源流考》与《国父之大学时代》合为一书而题署《国父之家世与学养》；此外，他还辑校了《刘永福历史草》一书，发表《鸦片战争粤东义民抗英史料叙说》《太平天国洪秀全家世考》《太平天国封爵总表纠正》《丘逢甲先生传》《台湾革命先烈罗福星传》等文；在港澳华侨史方面，罗香林在香港大学任教期间，潜心研究香港史，著有享誉学术界的《一八四二年以前之香港及其对外交通》和《香港与中西文化之交流》二专著。学生李璜曾回忆："因香林师为香港史最具权威之学者，名重士林，享誉世界学术界。因此世界各地研究香港史之学术界人士，不少人不远千里而来，登门请教香林师。"[1]

（三）学术方法的传承

陈寅恪在课堂中，不仅注重引导学生进入特定的学术领域，还有意识地在课堂上向学生传授学习方法。"将研究领域

---

〔1〕 李璜：《悼念罗香林先生——对珠海书院中国文史研究所全体学员话》，载《兴宁文史》1989 年第 13 辑。

与研究方法有机地结合在一起，这是非常富有智慧的，这样做就很容易使学生掌握研究方法。因为研究方法与研究内容的关系是'方法存在于对象之中'，研究方法不可能是一个抽象地存在于研究方法之中的东西。那样的研究方法即使开列有详细的步骤，其本身也还是干巴空洞之物。只有在研究者处理研究对象的过程中，研究方法才能作为与研究对象水乳交融的具体的东西，活生生地浮现出来。"[1] 而陈寅恪在课堂上展示自己研究进程的同时也是其集中展现研究方法的过程，在这一方法展现的过程之中，那些鲜活的方法就变得可感可学，使得学生很容易地就掌握了研究方法。

而正是陈寅恪这样的一种教授方式，使得学生在听课的过程中获得了研究方法。如邓广铭曾回忆道："他'陈寅恪先生'当时在联大历史系讲授'隋唐制度渊源论'和'魏晋南北朝史'，我都去旁听。虽然因为我的根底太差，对陈先生所讲授的未必有深切的体会，但反思在那一年多的时间之内，我在治学的方法方面所受到的教益，较之在北大读书四年之所得，或许可以说是有过之而无不及的。"[2]

"周一良先生治学遵循陈寅恪的路数，擅长多方面比勘史料，进行环环相扣的细密论证，所写文章被汤用彤认为最像陈寅恪。"[3] 周一良曾为了学习陈寅恪的学问，毅然放弃燕京

〔1〕 王喜旺：《学术与教育互动：西南联大历史时空中的观照》，山西教育出版社2008年版，第163页。

〔2〕 张杰、杨燕丽选编：《追忆陈寅恪》，社会科学文献出版社1999年版，第234~235页。

〔3〕 周启锐编：《载物集：周一良先生的学术与人生》，清华大学出版社2003年版，第88页。

大学保送硕士的机会，到陈寅恪指导的"中央研究院"历史语言研究所工作。周一良的不少论文都可以体现出其认真学习陈寅恪研究方法和著作的收获。如《魏晋南北朝史学的发展的特点》一文，周一良通过比较东西方史学著作的发展，得出东西方史学由编年体到纪传体演变的共同轨迹，从而启发人们去思索"人类思想的脉络"，此是将中国的微观研究与西方的宏观研究熔于一炉，别具一格。另外周一良的《南朝境内之各种人及政府对待之政策》，全文三大部分，从文章的着眼点来看显然是"小处着手，大处着眼"，周一良通过对少数民族的考证来解释政治和社会变迁的大问题。不仅如此，周一良在具体方法的使用中也对陈寅恪有一些继承。比如"从语音推测侨旧之同化"一节采用的是从语言的角度来考证史实的方法。调动所能运用的其他研究工具和资料来证史，显然是陈氏文风。总起来说，吴怀祺这样下了一个论断："周一良史学研究方法中的文字音韵训诂方法、多种材料互相参正法、语言比较法、文化心理特征的研究法、统计的方法、考订源流等的方法中，前四种都可以说是或多或少从陈寅恪那里学来的。"[1]

陈寅恪登堂入室的弟子汪篯虽然因为种种政治风波而被逐出师门，且50岁就自杀身亡，但因十几年在陈寅恪身边受教，他是从陈寅恪那里采得学术圣火的人，其在治学上颇具陈寅恪作风。汪篯研究历史总是从校勘古籍着手，他在校勘《唐六典》时，对任何细微之处都不放过。如关于祥瑞的记载，本

---

〔1〕 周启锐编：《载物集：周一良先生的学术与人生》，清华大学出版社2003年版。

来似乎无关紧要，不妨放过，可是他蝇头小楷，写上夹签，校正了久本的讹传。他继承了陈寅恪在隋唐史上建立的构架，在短暂的学术生命历程中，凭借深厚的学术积淀在隋唐史研究领域发表了一系列学术创建的论文，如《唐代实际耕地面积》《隋代户数的增长——隋唐史杂记之一》《唐太宗与贞观之治》等。他继承了陈寅恪严谨的治学作风，文字总是反反复复地修改，不急于发表。虽然他的学术成果不多，但他的学术论文多为精品，因此在隋唐史研究领域的名气并不小。著名魏晋南北朝史学家唐长孺在《汪篯隋唐史论稿》的序言里写道："汪篯同志是陈寅恪先生的高足弟子和助手，在掌握、运用资料方面，毫无疑问，他继承了陈先生的优良学风……"[1]

通过上面的叙述，我们可以看到在陈寅恪的影响下，他的弟子在治学方向、方法等方面继承老师所学，为当代学术史贡献了许多足以传世的研究成果。他们传承现代学术血脉，滋养当代学术事业，开辟了许多新的学术疆域。

二、人格魅力的再现

从陈寅恪的弟子身上，我们不仅看到了他们所延续的学术血脉和取得的学术成就，还看到了他们承接的鲜活的高贵品性。下面让我们来看看陈门弟子所拥有的超越于凡庸之士的精神格局和气度。

（一）甘于奉献

早在20世纪30年代中期，姜亮夫曾去巴黎大学研究考

---

〔1〕　汪篯著、唐长孺等编：《汪篯隋唐史论稿》，中国社会科学出版社1981年版，第13页。

古，准备攻读考古学博士学位。而当他目睹大量被盗的祖国珍贵图书和历史文物，特别是大批敦煌经卷失散国外时，倍感痛心！于是毅然放弃了巴黎大学优越的研究条件和博士学位，以全副精力投入到对国宝的抢救之中。他从巴黎辗转伦敦，经罗马至柏林，夜以继日，如疯似狂地抄录、拍摄敦煌经卷、青铜铭器、石刻碑传和古书画等，以致近视陡增600度！拿破仑宫中收藏的我国圆明园珍宝，根本不让中国人参观。姜亮夫找关系，"贿赂"有关人员，才得准许抄录拓誊。那时他一天的生活费是二十多法郎，但拍一张照片就需要十四个法郎。这对一个穷书生来说，其艰难程度可想而知。面对这样的困难，姜亮夫缩衣节食，他早上吃白菜煮大米稀饭，中午在巴黎博物馆啃干面包喝白开水，这样一待就是一整天。等晚上回到住处后，自己一般就用菜叶和米煮点粥就算是晚饭了。1937年，他带着从巴黎抄录的"敦煌卷子"，踏上了回国的征程。回到国内，他"结合国外先进的研究方法加以整理、校录和研究，汇集成当时中国第一部抄录和研究'敦煌学'的巨著。"[1]在国内，无论是抗战艰难时刻，还是"文革"挨批之时，姜亮夫对韵书卷子的研究，均未有片刻停息。尤其是抗战时期，国家命运艰危，姜亮夫辗转流徙，从江南到中原，再到大西北、西南，他的书籍和文稿屡遭厄运。为了保护祖国文物，姜亮夫把卷子打成背包经常带在身上，一听到空袭，背着就跑。当时的情景，在其妻陶秋英女士为其《莫高窟年表·附录》所写的序中，有极其感人的记述：

---

[1] 散木：《文史大师姜亮夫》，载《书屋》2007年第8期。

敌氛日张，敌患日遭，飞鸢频扰，鳌孽逃命，则负稿而奔，烈日炎威，不似为苦。稿日以增，负日以重，余每嗤之，终不悔也。盖视其羽毛，有同身命矣。既而抗战益艰，米薪腾贵，生涯窘乏，一不暇煌顾；独以此佚卷，得之海外，派寰若遭大劫，恐原卷亦不能保，则祖国遗珍，沦青以亡，葆义之责益重，一惋撅之情益深。……盖或避乱迁徙，困顿颠沛，他物皆毁弃不惜，而此数册丛残，则无不日夕相随。作者正是以"存安国抱残之志，束皙译文之劳"的坚韧毅力，于1941年在抗战大后方的四川三台，完成了《年表》的初稿。[1]

姜亮夫为保护国家文物，历尽千辛万苦也在所不惜。而陈寅恪的弟子梁嘉彬则在国家危亡之际，不顾导师反对，毅然投笔从戎。对于这段经历梁嘉彬曾回忆道："抗战军兴，弟在日本东京帝国大学研究期满，其指导教师和田清（东洋史科主任教授、日本天皇御侍讲）不许弟返国。弟投笔从戎心切……弟遂偕同返国，单身自香港经广州汉口入南京，投'留日学生归国服务团'，为小队长。"[2]

"文革"时期，在陈寅恪备受冷落、晚景凄凉的时候，蒋天枢孤身一人，两次前往广州看望陈寅恪，并冒着风险，偷偷收集和整理陈寅恪的著作。蒋天枢自己的许多著作在"文革"时也被抄走。在"四凶"既除、形势好转之际，人们纷纷忙着整理出版自己的专著，蒋天枢却将自己的书抛在一边，把全

---

〔1〕　江林昌：《〈切韵〉系统诸韵书的复活——读姜亮夫先生〈瀛涯敦煌韵书卷子考释〉》，载《中国图书评论》1992年第6期。

〔2〕　张杰、杨燕丽选编：《追忆陈寅恪》，社会科学文献出版社1999年版，第113页。

部的精力用在整理陈寅恪的稿件上。为了使人们能有机会一睹陈寅恪的学术风貌，蒋天枢以 80 岁高龄，拖着老病之躯，暂时放下自己研究多年的楚辞，把生命中最宝贵的时间无私献给了老师著作的整理和出版。他之所以做这一切，甚至不惜耽误自己的学术工作，正如他自己所说："不仅是从师生之谊、身后之托考虑的。老师的学术成就，是一笔优秀的文化遗产，不能让其自生自灭。"[1]

（二）善良厚道

周一良一生待人接物总是平易近人。他对于所有学生均一视同仁，"不仅对年轻教师，哪怕是本科生，只要有些成绩他都给予鼓励，毫无架子"。[2] "文革"期间，周一良曾遭到了红卫兵残酷凶狠的折磨。然而"文革"结束后，他却以宽广的胸襟原谅了那位曾经整他整得最惨的红卫兵。并提到在十年浩劫中他和整他的红卫兵都是受蒙骗者，所以对于那个整他整得最残酷、最凶狠的红卫兵，周一良从最初的丝毫不宽恕到最后依然选择了原谅。为此，周一良还引鲁迅《题三义塔》诗的末两句以表明自己的心迹："度尽劫波兄弟在，相逢一笑泯恩仇！"[3] 这是何等的胸襟和气度啊！

石泉宽厚仁爱，对优秀学生更是关爱有加。1994 年学生王红星报考武汉大学研究生，专业课全优，外语却差了几分。

---

〔1〕查志华：《一个高尚的学者——记复旦大学中文系蒋天枢教授》，载《解放日报》1982 年 3 月 5 日。

〔2〕黎虎：《我与周一良的"大百科"缘》，载《博览群书》2010 年第 1 期。

〔3〕吴小如：《"一笑泯恩仇"与"一个都不宽恕"》，载《世纪行》1999 年第 1 期。

石泉不仅为王红星写了建议破格录取的报告，还专门找校长说明情况，最后武汉大学作为特例批准，破格录取了该学生。

陈寅恪内心最信赖的人要数蒋天枢了。他曾说："像蒋天枢这样不重名利、品格高尚的人，才是令人感佩的。"〔1〕蒋天枢不仅尊崇恩师，品格高尚，而且对于学生也关爱有加。他不仅关注学生的学业，还关心学生的生计和生活。他的学生林东海业余时间喜欢钻研绘画艺术，蒋天枢就把自己搜集的一大摞艺术周刊送给林东海，让学生一本本地换着看。每当林东海来领周刊时，蒋天枢总是笑嘻嘻地迎接，笑嘻嘻地欢送，还嘘寒问暖，关心林东海的生活和学习。同时蒋天枢还派给林东海画画的任务，让其布置会场，举办画展。蒋天枢的及门弟子徐德政习研先秦文学，对《诗经》下了不少功夫，研究生毕业后，被分配到社科院文学研究所工作。1979 年随夫人移居澳大利亚。由于英语口语不到位，未能如愿，只好随便找个工作以糊口。蒋天枢在给学生的来信中，总是感慨万千，感叹道："德政出国，人才外流，至可惜耳。"〔2〕蒋天枢对徐德政在光明日报上发表的杂文总是翻来重看，对自己的学生念念不忘。1955 年，章培恒因卷入胡风案件被开除党籍，留校当蒋天枢的助教。蒋天枢就鼓励他说："你在去年受了些委屈，但不要背包袱，好好地读书!"〔3〕三年自然灾害时期，章培恒生活极其艰苦。他住在市区的一条陋巷里，路既难走，楼梯又陡又暗。蒋天枢经常来看望章培恒，并邀章培恒到外面吃饭，还常常给其一些肉票。当时蒋天枢全家四口生活也极其艰苦，为了

---

〔1〕 林东海：《师德风规——记蒋天枢先生》，载《世界》2006 年第 8 期。

〔2〕 林东海：《师德风规——记蒋天枢先生》，载《世界》2006 年第 8 期。

〔3〕 林东海：《师德风规——记蒋天枢先生》，载《世界》2006 年第 8 期。

不伤学生的自尊心，蒋天枢以让其校点书籍《诗意会通》为由，帮学生购买价格昂贵的书籍。章培恒在后来回忆此事时说："终于明白过来，先生知道我买不起这样的大书，又怕送我一部伤了我的自尊，才有此良苦用心。"[1]

1948年，蒋天枢的表妹朱俊英女士因为家庭风波来沪，住在蒋天枢家中，后来她携次子到了台湾。临走前，朱女士从盘缠里取出一点钞票，偷偷塞进蒋天枢家中的抽屉里。蒋天枢发现后，就将这笔钱用朱女士的名字存进银行，希望有朝一日把这笔钱还给她。谁料想，海峡两岸成为天堑，直到朱女士撒手人寰，也没有机会回到大陆，蒋天枢也就没有机会把钱还给朱女士，这笔钱也就一直存在银行。日月如梭，光阴似箭，转眼间到了1982年，朱女士留在大陆的长子胡振绥先生因公赴沪，顺便看望蒋天枢。临别之前，蒋天枢从箱子里拿出一张存款单，对胡振绥说："这是你母亲临去台湾时留下的一点钱，原想等到你母亲回来时交给她。既然她人已不在，我是无法把这笔钱交给你母亲了，现在交给你。"[2] 胡振绥问明情况后，执意不收这笔钱。蒋天枢说："你母亲走了三十四年，我都未接受此钱，现在更是不会要了，你总不能让我交不出去吧!"[3]

刘节的学生蒋伯勤曾经撰文批判刘节，而且还面对面地批判过自己的老师，但刘节丝毫不在意。当蒋伯勤结婚时，刘节仍然嘻嘻哈哈地去喝蒋伯勤的喜酒。多年以后蒋伯勤仍然为之

---

〔1〕 蒋天枢：《陈寅恪先生编年事辑》（增订本），上海古籍出版社1997年版，第7页。

〔2〕 朱浩熙：《蒋天枢传》，作家出版社2002年版，第108页。

〔3〕 朱浩熙：《蒋天枢传》，作家出版社2002年版，第108页。

感慨不已。

（三）淡泊自持

石泉长期担任民进湖北省负责人和湖北省政协副主席，完全可以享受副省级待遇，但他在参加学术活动时，始终只愿接受普通学者的身份。在学术会议期间，石泉从不接受高于其他教授的照顾，也不愿在主席台就座，对自己的前辈十分尊重，遇同辈人也总是谦让。石泉夫妇都是正教授，他们和女儿住在三室一厅的房子里，但客厅小得只能放下饭桌子，他的书房也经常被书挤得转不开身。当工作人员商量着想向省政协反映，给石泉一套宽点的房子时，石泉极力反对，并说：“咱们可不能向组织伸手要这要那。”[1] 石泉原名刘适，是中国社科院近代史研究所张遵骝的表弟，其 1949 年前曾为革命作过贡献。但石泉从未谈及，这些事连他的学生也不知道。[2]

唐振常一向不大为人作序以避自炫之嫌。他给已故挚友汪篯的《隋唐史论稿》作序是唯一的例外，只因这篇著作是汪篯的学生所集。唐振常不写自传，并不许别人为他写。甚至唐振常在去世时强烈嘱咐其亲属，要求丧事一定要简朴。他要求不设治丧委员会，不开追悼会，不搞遗体告别仪式，也不接受一般的吊唁。以致不知情的朋友纷纷来电询问：“名气那么大的人走了，怎么连一点声音都没有？”[3]

〔1〕 胡铭心：《执着的追求者——记民进湖北省委会名誉主委石泉同志》，载《湖北文史资料》2002 年第 1 期。

〔2〕 葛剑雄：《真正的学者》，载《中国历史地理论丛》2005 年第 3 期。

〔3〕 熊月之：《文史两栖一通才——悼念唐振常先生》，载《百年潮》2002 年第 3 期。

（四）尽职尽责

1978 年 11 月，王永兴从山西调到了北大历史系。当时他已六十多岁了，但对教学工作依然勤奋认真，对学生的培养工作非常投入。他以陈寅恪为榜样，在教书育人上不吝精力心血，堪称师表。王永兴经常引述陈寅恪的话："学校给我薪水，我怎么能不努力上课教书呢?"王永兴每次上课，将要讲授的有关敦煌学的文书用油印机印出来，发给学生。尽管有油印资料，他仍要一丝不苟地将相关史料全部抄写在黑板上，抄完一段，就讲解一番。黑板抄满了，学生就主动上前将讲过的部分擦净。[1] 王永兴除了讲课，还对学生特别强调要读《资治通鉴》，有时课上还要检查。有些时候学生难免应付、糊弄，被王永兴发现后，他总是严厉训斥。[2] 除此之外，王永兴"课下还要检查同学们上课时所记的笔记，晚间还经常到宿舍检查各位学生读书的情况。这在今天简直是不可思议的事，别说是本科生，即便是硕士生或博士生，也未必有导师如此耳提面命、诲人不倦"[3]。北大历史系的《王永兴教授讣告》中有这样的叙述："王永兴教授回到教学研究岗位后，以满腔的热情，投入到教学之中。……认真准备每一门课，讲授详尽深透，高屋建瓴。而且在课堂以外，对每一个选修其课程的学生，都进行个别辅导，耳提面命，诲人不倦。通过这种严

---

〔1〕 王宏治：《与天壤同久　共三光永光——追忆王永兴先生》，载《文史知识》2010 年第 4 期。

〔2〕 王宏治：《与天壤同久　共三光永光——追忆王永兴先生》，载《文史知识》2010 年第 4 期。

〔3〕 王宏治：《与天壤同久　共三光永光——追忆王永兴先生》，载《文史知识》2010 年第 4 期。

格的训练，言传身教，王先生培养出一大批高水平的研究人才，他们现在大多成为高校及科研机构的骨干，薪尽火传，桃李遍天下。"[1] 这段评价没有夸饰成分，不是套话，皆为实录。

蒋天枢不但对自己的学术著作持以严肃规范的要求，即使是在晚年整理恩师陈寅恪的文集时，也一丝不苟，兢兢业业。"他（蒋天枢）亲自校读了《文集》中《寒柳堂集》《金明馆丛稿初编》《金明馆丛稿二编》《柳如是别传》全部近 150 万字的文稿。在 1980 年上述四部著作出版后，又逐字逐句地校改其中的排字之误"。[2] 以前的学者往往从"师生之谊，身后之托"来理解蒋天枢的这项晚年事业，其实从另一个角度，我们也可以看出，蒋天枢早已将踏实、严谨、科学的学术精神融进他的学术生命之中。他对《陈寅恪文集》逐字逐句地校读，一方面是对恩师名山事业的负责，对身后所托的尽心；另一方面也是对自己学术要求的直接体现，只要是学术工作就不敢有丝毫马虎。一定以严肃、科学的乾嘉学风与朴学精神对待之，这既是对老师负责，也是对自己的学术负责。

邓广铭是学界公认的宋史专家，被称为 20 世纪海内外宋史研究第一人。他治学严谨，幽默风趣。"文革"时被打为反动学术权威，下放到江西鲤鱼洲的"五七"干校放牛。但其依然很乐观，一边放牛，一边构思修改他的《王安石》。他在半个世纪里，三写《岳飞传》，四写《王安石》，在学术界传为佳话。1953 年邓广铭首次出版《王安石》，1972 年人民出

---

〔1〕 阎步克：《怀念王永兴先生》，载《文史知识》2010 年第 4 期。

〔2〕 陈正宏：《蒋天枢先生与〈陈寅恪文集〉》，载《中国典籍与文化》1996 年第 1 期。

版社直接派人，让邓广铭把原来写的《王安石》扩大，而且专扩大前一部分，即王安石的"三不足"精神，后一部分就不用动了，争取1972年内出版，这样好销。但邓广铭却说：不行，要改不能只扩充前一部分，后一部分也得改。因为那是1951年写的，现在是1972年，20年过去了，我不能白吃了20年饭，白接受了党的教育，没点进步。我一生治学，没有当今时贤的高深造诣，使20年代的著作可以在90年代一字不变的重印。我每有新的见解，就写成新书，推翻旧书。[1] 1975年他又重新写《王安石》，粉碎"四人帮"后，1979年再次修订，然他仍不满意，16年后又做修改，力求"改变千百年所铸成的传统成见，恢复王安石的本来面目。"他在年近90患病住院的病床上，仍审读校样，修改书稿。到1997年才正式出版《北宋政治改革家王安石》。[2]

（五）刚正不阿

蒋天枢为人厚道，性情温和，然在某些方面却耿直异常。如与蒋天枢同为复旦大学"十大名教授"的朱东润，喜欢说笑，言辞无忌，有时十分书生气。有一次在中文系的研究生入学会上，朱东润在讲治学之道时，顺嘴评论说："寅恪先生学问虽然好，但晚年花了那么多精力去研究一个妓女，大可不必！"[3] 还没等在座的人反应过来，蒋天枢便从人群中站出来，当着研究生同学的面，指着朱东润哼哼了几句，拂袖而去。在平常的日子里，是难得有人给朱东润难堪的，这回倒给

〔1〕《邓广铭：半个世纪四写王安石》，载《今传媒》2010年第6期。

〔2〕王晓秋：《人格的魅力》，载《群言》2002年第10期。

〔3〕陈恩和：《朱东润先生》，载复旦大学中文系编：《朱东润先生诞辰一百一十周年纪念文集》，上海古籍出版社2006年版。

了他十足的难堪，朱东润当场气得脸色发白。最令人感叹的是，1958 年当陈寅恪已经成为学术批判的靶子时，蒋天枢依然毫不避讳同恩师的关系，在其《履历表》的"主要社会关系"栏目中写道："陈寅恪，六十九岁，师生关系，无党派。生平最敬重之师长，常通信问业。此外，无重大社会关系，朋友很少，多久不通信。"〔1〕1978 年教育部开始推行简化字，由于造出不少新的简化字体，不仅增添了汉字，而且给阅读书报带来许多含混不清的麻烦，阅读古人诗文尤其不便。简体字靠行政手段推行，一般人不敢轻议。蒋天枢却对此大为恼火。他说："文字改革委员会这些人，吃饱饭没事做，去睡大觉好了，别来捣乱。"〔2〕

众所周知，中国近代史本是石泉的长项，但他在 1956 年 2 月和 1958 年 1 月讲过两次课后，便在 1958 年夏的"拔白旗"运动中受到批评，从此他不再开近代史课，也不再从事这方面的后续研究。1961 年科研定向时，他把研究方向转到荆楚历史地理，对于近代史，他宁可保持沉默，也不作违心之论，更无意于趋时媚俗。石泉一生平和淡泊，与世无争，但他对学术的不正之风却深恶痛绝。在开会时，他经常对某些学者的学风作尖锐的批评。如一次学术会议上他说："某某是应该给你们年轻人作出样子的，怎么能这样不负责任？他现在写的

---

〔1〕 陆键东：《陈寅恪的最后二十年》，生活·读书·新知三联书店 1995 年版，第 144 页。

〔2〕 林东海：《师德风规——记蒋天枢先生》，载《世界》2006 年第 8 期。

东西太随意，重复也太多。"〔1〕

邓广铭的耿介在学术界是出了名的。他最反对的是"一个撰述者在其撰述的成品当中，既不能抒一独得之见，又不敢标一法外之意，而奄然媚世为乡愿"〔2〕。他历来主张老老实实做学问，反对各种好大喜功的文化工程、出版工程。前些年，巴蜀书社准备出一部名为《文献大成》的大型丛书，本想请邓广铭做主编，被他一口拒绝。不仅如此，就在这部丛书已经得到国家批准并获得财政资助以后，他还在国务院古籍整理出版领导小组的会议上慷慨激昂地表示反对。之后他又多次在公开场合发表反对意见，并在《光明日报》上发表文章以示反对。其中一些人还是他多年的好友，所以家人都劝他偃旗息鼓，以免沾惹是非。而他呢，一如既往，决不改弦更张。这种耿介的特质总是令他显得那么凛然。〔3〕

第四节　对生命与教育相通相济的理论考索

陈寅恪是一个有着深厚生命根基的教师，在他的生命成长过程中，欢乐与艰辛之中孕育着惊人的智性与高尚的情怀。在其教育生活中，他将自己灵魂深处的生命体验自然而然地融入到了教育之中，使自己已有的生命形态成为教育生活的内在动力。因此，在他的课堂上，我们看到的不是知识、概念、术语

---

〔1〕　葛剑雄：《纪念石泉先生：真正的学者》，载《中国历史地理论丛》2005年第3期。

〔2〕　傅璇琮：《独立不阿的人品　沉潜考索的学风——纪念邓广铭先生》，载《中国文化研究》1998年第3期。

〔3〕　刘浦江：《不仅是为了纪念》，载《读书》1999年第3期。

的堆积，而是智慧、美、公正、自由和爱的闪现。上面我们已经对陈寅恪独特的教育智慧做了合理的解释，接着要进一步追索的是：在历史的合理经验中，有什么我们可以借鉴的智慧。在笔者看来，陈寅恪的教育智慧能够给我们当代大学的建设提供很多智慧的滋养，下面几点是特别需要在这里提出的。

一、树立"视教书如生命"的教师职业观

陈寅恪可以说是将生命与教育融为一体的典范，他的生命体验和教育智慧达到了高度融合的境界，让人分不出哪种是生命体验，哪种是教育智慧。他是那种对生命怀有敏感心灵的教师，他从自己生命的核心出发，去做学问、吸收学问，他将沉睡在灵魂深处的生命体验唤醒，并自然地融进自己的教育生活中，使自己已有的生命体验成为其教育生活的丰富资源与内在动力。因此，在教学过程中，他并不把心思放在知识上或是先进的教学技术和教学手段上，而是把自己的心放在了学生的生命上，他的教育智慧是从生命中流淌出来的，这才是真正的教育智慧。在这种教育智慧的滋养下，学生是幸福的，教师也是幸福的。

然而，长期以来，很多教师并未真正明确教师职业的特征，更没有把教师职业和自己的生活、生命联系起来。很多教师仅仅把教师职业当作一种"谋生手段"。在"谋生手段"这一教师职业观的影响下，很多教师容易产生功利心态，教师把自己的劳动视为一种商品，把自己与学校之间的关系视为一种交易关系，因此，他们认为付出多少劳动就应该获得多少报酬，这使得很多教师把自己工作的动力转向了挣课时费或职称的晋升上。还有部分教师缺乏对自己职业的价值认同，对自己

的兴趣、意愿和发展潜能缺乏必要的考虑，他们仅仅把自己比喻成流水线上的工匠，从而日复一日地重复劳动，缺乏研究意识和创新精神。

其实，在整个教学流程中，教师查阅资料，熟悉、消化教材，进入课堂开始教学，在课堂教学中与每一个学生的交往，针对不同学生的个别辅导，所有的这些活动无不凝聚着教师的心血。自始至终，教师的生命在教会学生学习的过程中实现了自身的价值。因此，教师的生命与教学是息息相关的，教学并不是独立于教师的生命之外的，教师正是通过教学来实现其生命的意义。因此，在教师的成长历程中，应该把教育活动当作一种事业，当成生命存在的一种方式，一种使人类和自己都变得更加美好的生命存在的形式，而不仅仅是一种职业，更不是"谋生"的手段。

二、创建充满生机的"探究性"课堂

从前面的论述，我们可以看出：陈寅恪的课堂教学主要以展现自己的研究成果为主，这就意味着陈寅恪的研究是为其教学做准备的，科研的成果与教学的教案在一定程度上是相辅相成的，因此，他的教学活动表现出一般的讲授式教学所不具有的探究性、整体性、爆炸性和急剧性等特点。陈寅恪在课堂上是充满激情的，是将生命倾情投入到课堂中的。正是在这种充满激情、魅力四射的课堂上，陈寅恪将学生引入了特定的学术领域，让学生在不知不觉中掌握了实用的研究方法，培养了学生发现问题、分析问题、解决问题的能力。

近年来，教育界里一直在喊"发挥学生的主体作用""尊重人的价值、发展学生的创造力"。但是，从实践层面来看，大学校园的课堂仍然是沉默的、机械的，缺乏生活的意义和生命的活力。狭隘的教学目标、机械的教学过程、僵化的教学模式、单一的评价方式占据了大部分的课堂。受传统教育思想的影响，许多教师以传授知识为主要目的，以认知为中心、以教师为中心、以教材为中心。他们把课程内容定为教材，严格依据教材的逻辑结构进行教授，把课程内容看作是事先规定好的东西。在教学过程中，教师以讲授为主，照本宣科，教师处于课堂的中心，而学生在这种呆板的课堂上被动地接受知识。这种平淡的、如死灰般的课堂导致了一种恶性循环。一方面，学生在这种呆板的课堂上对教师所授内容无任何兴趣，索性在下面看小说或玩手机。更严重的是，很多学生经常因为课堂的无聊而选择逃课。另一方面，教师因课堂人数偏少，缺乏学生的反馈和交流，更加对教学不感兴趣。有责任的教师可能会采取每堂课点名的方式来约束学生，但这只是治标不治本。要想从根本上改变愈演愈烈的学生逃课现象，大学教师必须立足课堂，合理地处理教学与科研的关系，通过创设探究性的课堂情境，激活课堂活力，让课堂成为生命的家园和乐园，让课堂充盈着灵气、激情，从而真正激发学生的活力与智慧。

三、搭建倍感愉悦的师生交往平台

从陈寅恪的教育智慧中，我们可以看出，在课堂上，他授业态度庄严恳挚，辛勤地倾吐学术光华。课下，与弟子们畅谈也是他人生的一大快事。在学生求学的几年间，他常在课下为学生剖析疑难、释疑解惑，指点学生的个人品行、学问修养之提高，解答学生的个人问题。在这种温馨祥和的氛围中，师生间情同骨肉，亲如手足。这在无形中使学生受到精神的感化，耳濡目染之中收砥砺之效。这种和谐温馨的师生交往一方面有效地改善了课堂教学中单向的、割裂的、生硬的师生关系；另一方面创造了学生与教师之间无障碍的人格交往，使导师成为学生的顾问和朋友。在这种关系中，老师对学生的指导不只是传授专业知识，更为重要的是对学生道德情操的指导和影响，以及对学生各种能力的培养和训练。这不仅创造了知识与人相遇并相互作用的情境，而且使学生与教师均在其中建构了自我生命的丰富意义。

然而，可以毫不夸张地说，当前我国大学的师生关系是非常冰冷的。学生处于放羊式的状态下，大学教师有课就来，有事就来，无课无事便在家里做科研。大学教师没有固定的办公场所，学生很难找到老师。这使得学生深受其苦，总是抱怨进入大学没有安全感、没有归属感，很迷茫。大学教师也深受其苦，总是匆匆而来，匆匆而去，好像在完成任务，无法与学生进行心与心的交流。大学教师与学生的交流仅限于每周几个小时的课堂教学中。而这种课堂教学制度是一种群体性控制制度，这必然会产生很多弊端，如忽视学生个体差异、导致师生地位的不平等以及对学生道德情操指导的缺失等。吴康宁指出："就大学教学活动而言，制约其运行的制度系统主要分为两个层面：一是以群体授课为特征的课堂教学制度；二是以个别辅导为特征的个体指导制度。"[1] 因此，大学要想获得良性的发展，不仅要加强课堂教学制度的管理，同时必须搭建温馨和谐的师生交往平台，以此来建立良好的大学师生关系，促进学生的全面发展。

---

〔1〕 吴康宁主编：《课堂教学社会学》，南京师范大学出版社 1999 年版。

第三章
王瑶的生命境界与教育智慧

第一节　游谈成癖的生命根基

凡是受教于王瑶的弟子，或与王瑶有过学术上交流与接触的同仁，都对王瑶的非凡谈吐有着深刻印象。无论是学术交流，还是客厅里的畅谈，都是他生活中不可或缺的一部分，甚至有种"游谈成瘾"的意味。在这些或深或浅的交流中，细心的听众或交流者，总是可以从中感受到他话语中的波澜不惊和对过往人生道路的敬畏；他渊博的学识，令后学之辈望尘莫及，王瑶是他们学术上的引路人；宽广的胸襟与传统的文人志气，赋予其独特的人格魅力。丰富的生活体验、精深的学术修养以及独特的人格魅力，构成了王瑶"游谈成癖"的根基。

一、生命的"挣扎"

王瑶是成长于20世纪三四十年代的知识分子，正是近代中国遭受他国凌辱，国贫民弱、政局动荡的时期。此种环境下，王瑶身心时刻经受穷苦与危难的考验，可谓是"挣扎"

度日。在人生的不同阶段，王瑶都曾经历过"挣扎"的痛苦与煎熬。在"挣扎"中，无论是勇敢面对，选择无畏的挑战，还是暂时妥协，寻求安身立命，对王瑶的内心世界而言，无时不刻不在忍受抉择之痛。在下面三部分内容里，将逐一梳理王瑶人生道路上的"挣扎"历程。

（一）贫穷与小康之间的"挣扎"

1914年5月7日，王瑶出生在山西平遥县道备村的一个普通家庭。是年，父亲工作的票号倒闭，已经40岁的父亲失业，于是在家过起自耕农的生活。之后，迫于生计，父亲辗转到河南某地的打蛋厂工作，母亲料理家中事务。在王瑶的童年记忆里，多是和同龄人的嬉戏玩闹，并没有正规的启蒙式教育。8岁在村中上初级小学，开始最初的知识学习；13岁进县城读高小，15岁考入太原市进山中学；18岁考入天津南开中学，一个学期后，因无法支付南开中学高额的学费，只能回到进山中学；20岁到张家口参加抗日联盟，并经张家口察哈尔市第一中学毕业后，21岁考入北平的国立清华大学中国文学系，参加各种社团，并加入了中国共产党。1937年，王瑶暑假回家省亲，卢沟桥事变爆发，与学校组织失去联系，被困家中。这期间，迫于生计，他在哥哥的杂货铺里记账，一晃就是3年之久。窘迫的生活以及得知敌宪兵在县城搜索自己，无奈之余，王瑶重燃复学希望。当他历尽艰辛、长途跋涉到达昆明时，已是而立之年。

40年代的中国内外战事不断、民不聊生，王瑶重返西南联大，正是师生生活异常艰苦之时。"朱自清披着马夫使用的毡披风去上课的艰苦年代……闻一多靠镌刻图章补贴生活。"[1] 王瑶在学习之余，经导师的推荐，先后到铭贤中学、天祥中学、五华中学兼职教课以维持生计。满怀强烈的爱国热情、肩负建设新中国的使命，1949 年冬王瑶着手编写《中国新文学史稿》（上册），1952 年 5 月底下册脱稿。这期间经历"三反""五反"活动，王瑶因其著作成为重点"批判"对象。"文革"期间，王瑶经历红卫兵抄家、学生批判、住牛棚以及劳动改造。在这期间，王瑶不仅身心遭受剧创，经济上也一度拮据。1966 年 8 月，北大中文系同学以借鉴大革命时期湖南农民运动"杀猪出谷"为由，向教授罚款，王瑶被罚 300 元。王瑶在 1968 年 10 月 21 日写给其夫人杜琇的信里有这样的记录："最近这里一律不让回家，一个钟头的假也不准……生活费 9 月份发了 80 元，但中文系又派人来追回 50 元。"[2] 在写这封信的时候，王瑶正在接受改造，从信的内容可以推测，他们的生活不受保障，个人利益常常受到无理由的破坏。红卫兵的随时抄家，使他们承受着物质与精神的巨大恐慌。

　　在 1949 年前后的一些运动中，个人的命运常常不能被自己主宰，而不得不在各种斗争的夹缝中求生存。王瑶在人生的不同阶段，都经历了不同程度的"贫穷"。他从社会最底层挣扎出来，走出文化落后的小村庄，成为现代城市里的"知识分子"，这个过程就意味着脱离贫穷与落后的生命挣扎。

---

　　〔1〕　钱理群等编著：《王瑶和他的世界》，河北教育出版社 2000 年版，第 235 页。

　　〔2〕　王瑶：《王瑶全集》（第 8 卷），河北教育出版社 2000 年版，第 267～268 页。

（二）理想与现实之间的"挣扎"

王瑶在学术道路上的发展不是一帆风顺的，走上学术道路之前，曾有过不断挣扎、多方寻求出路的过程。因此，在学者王瑶之前，还有过一个革命者王瑶，在其晚年《自我介绍》的一小段文字中，他用寥寥数字记录了其在清华大学读书期间（1934—1937），"曾两系图圄，又一度主编《清华周刊》"的辉煌革命事业。"两系图圄"体现的是王瑶对革命的忠诚，担任《清华周刊》主编是他实现理想的途径。1935 年 5 月他加入"左翼作家联盟"，他有敏锐的洞察力并且文章语言犀利，因此获任《清华周刊》第 45 卷的主编，在清华有"小周扬""小胡风"的称号。他赞成"对于一个革命者，最重要的还是热情"的观点，并认为："用冷静来变革周围只能把周围僵化了，但用热情却是希图把周围来熔铸的。"[1] 王瑶在清华是一腔热血要革命的，并憧憬着"能到上海，借党的力量编一个杂志，做一个文化人"[2]。然而社会的现实是，王瑶主编的《清华周刊》被迫停刊，组织上因"左倾关门主义"而对成员存在部分不信任，王瑶的情绪受到极大影响，一度低沉，遂于暑期回家省亲。七七事变爆发后，太原沦陷，外界的缘由使得王瑶与党组织和校方失去联系。在 1937—1942 年间，正是民国史上铁蹄蹈厉、豺狼遍地的"黑暗期"，对政治与现实生活的失望使王瑶重燃复学的希望，深感除了赴滇完成学业，已无计转折命运。这是在现实的左右下，王瑶不得不放弃革命

---

〔1〕 王瑶：《王瑶全集》（第 7 卷），河北教育出版社 2000 年版，第 108 页。

〔2〕 王瑶：《王瑶全集》（第 7 卷），河北教育出版社 2000 年版，第 264 页。

的理想，转而投向古典文学的研究，以另一种方式弥补内心的痛楚。他弃政复学的决定，使 1949 年后的文学界多了位文学史的开拓者。

1949 年后，王瑶本打算埋头在中国古典文学方面做个一流的专家，然而在后半年的教学改革中，"新文学"成为中文系的一门主要课程，王瑶顺从组织安排，开始教授"新文学"，并且着手《中国新文学史稿》的写作。无论是从事古典文学研究，还是半路"改行"作现代文学研究，王瑶都秉持科学的研究方法，以客观的态度评说研究对象，尽量保证研究的学术性。尽管王瑶努力要成为新时期的学者，然而在之后的各种政治运动和文化批判中，他还是不能全身而退，既要被批判，还要违心地批判别人。做一个纯粹学术人的理想在这样的环境下，显得异常艰难。

（三）政治与学术之间的"挣扎"

王瑶生活的年代，注定是与政治有着不解之缘的。30 年代的他自愿以一个革命者的姿态感应时代大潮，主动参与政治活动，甚至还"两系囹圄"。他的时评文章观点深刻，论证敏锐，此时的王瑶应该是不甘也不屑静下心来读书的。

40 年代，他弃政复学，师从朱自清和闻一多两位导师，一心要在古典文学领域有所作为。此时的西南联大，正如朱自清所言："象牙塔下已经变成十字街，而且这塔已经开始在拆卸了。"[1] 塔里的知识分子，不再像在北平的时候，蜗居在大学校园里。大后方的沿途见闻，皆是贫困民众的一片惨状，

---

〔1〕　延敬理、徐行选编：《朱自清散文》（中），中国广播电视出版社1994 年版，第 115 页。

教授们的生活也由"贵族"沦落为平民。"朱门酒肉臭，路有
冻死骨"的触目景象就出现在大后方，社会的极度腐败惊醒
了这些深居塔内的知识分子，冯友兰、吴晗、闻一多等知名教
授都纷纷疏学问政。当国难民疾、时政腐败之时，王瑶并没有
完全游离于政治之外。一方面，当时势亟须表明立场与态度
时，王瑶是不含糊的。如，1943年他经闻一多介绍加入中国
民盟；在"一二·一"民主学潮中，王瑶亦奋勇其中。另一
方面，王瑶千里跋涉来到大后方，是希望能得到名师指点，在
学术道路上有所长进。因此王瑶参政很注重一个"度"。比如
1946年，"复原后在地下党的领导下，在教师中成立了几个秘
密的读书小组会，我也参加了，但有一次吴征镒同志要把一个
收音机放在我的家，每天收听新华社广播，记录下来油印分发
出去，我怕危险就没有答应。"〔1〕由此可见，王瑶依然徘徊
于政治与学术之间。

50年代初，新中国成立后，为响应用新的理论来写近代
文学史的号召，王瑶的《中国新文学史稿》应运而生。该作
品是50年代具有代表性的一部现代文学史著作，并且被视为
中国现代文学史学科的奠基之作。尽管是应时而作，但王瑶依
然为此付出沉重代价，在"三反""五反"和"文革"等一
系列政治运动中，他因此著述成为被重点批判对象。在现今对
《中国新文学史稿》一些较为客观的评述中，温儒敏认为：
"王瑶用于指导或统领这部文学史的基本观点是政治化的，而
在实施这种政治化的文学史写作中，王瑶有矛盾，有非学术的

〔1〕 王瑶：《王瑶全集》（第7卷），河北教育出版社2000年版，第266页。

紧张。他的出色之处在于尽可能调和与化解矛盾，并在一个非常政治化的写作状态中探讨如何发挥文学史家的才华与史实。"[1] 笔者认为，此处所谓的"矛盾"，就是一直困扰王瑶本人的矛盾体——政治与学术。他对政治有过一定程度的认同与追随，同时又有对学术本身的追求，这两种价值观取向，落实到具体的文本写作当中，就表现为政治话语与学术话语的交织变奏。"阅读《史稿》，令人'悲喜交加'。政治话语和学术话语在《史稿》交织并存，且形成张力，这是《史稿》——新中国第一部新文学史非常明显的一个特色。"[2] 由文及人，王瑶在完成这部旷世之作的时候，努力紧跟时代的主流语言，既体现文学的政治服务功能，又在政治氛围下努力开拓学术的生存空间，这样的良苦用心和卓然史识无不令后辈敬仰，而在王瑶技术性地处理文字中的这些矛盾时，内心的"挣扎"与苦痛也许只有当事人才能体味。

二、博学之知和聪睿之智

王瑶那一辈的知识分子是深受"五四"新文化影响的一代。他们成长的年代，是在"五四"新文化运动的影响下，中西文化有机融合并逐步走向成熟的时期。西南联大汇聚了全国文化的精英，他们大都有留学欧美的经历，接受过很好的专业训练，是知识分工相当明确的专家。当时的西南联大文学系有朱自清、闻一多、刘文典、俞平伯、沈从文等学者教授。王

---

[1]　温儒敏：《王瑶的〈中国新文学史稿〉与现代文学学科的建立》，载《文学评论》2003 年第 1 期。

[2]　陈希：《政治与学术话语的交织变奏——王瑶和他的〈中国新文学史稿〉》，载《中山大学研究生学刊（社会科学版）》2001 年第 4 期。

瑶沉浸在一个浓郁的学术文化氛围里，并且跟随朱自清、闻一多先生，耳濡目染，日益文化积累形成渊博学识和卓然智慧自然是情理之中。

（一）博识古今

在王瑶弟子的回忆中，先生博闻强记的特质是最令学生辈为之敬佩的。"他讲课富于艺术的魅力，没有讲稿，却能旁征博引；纵横驰骋，海阔天空，却又围绕一个主题。"[1] 可见，知识经岁月的沉淀，已与王瑶融为一体，故其能够随手拈来，出口成章。陈平原认为，先生的博识古今，不仅仅在于他的研究范围既涉及古典文学又有现代文学，还在于他的学术眼光："以现代观念诠释古典诗文，故显得'新'；以古典修养评论现代文学，故显得'厚'。"[2] 这样的学术追求，使他自觉地将中国现代文学与古典文学联系起来，既面对古人，也面对今人，既重古典，也重现代。

在西南联大求学期间，王瑶的学习态度非常认真。他选修朱自清的"文辞研究"课，因为这门课是关于中国文学批评的专门课程，内容专业、枯燥一些，所以，只有他一个人来听课。据当时旁听朱先生课的季镇淮回忆："上朱先生的课，朱先生手拿方纸卡片写黑板，一块一块地写；他跟着抄，一块一块地抄。"[3] 由此可见导师教学的认真和王瑶读书的用功与

---

〔1〕 钱理群等编著：《王瑶和他的世界》，河北教育出版社 2000 年版，第 185 页。

〔2〕 钱理群等编著：《王瑶和他的世界》，河北教育出版社 2000 年版，第 309 页。

〔3〕 钱理群等编著：《王瑶和他的世界》，河北教育出版社 2000 年版，第 19 页。

执着。王瑶的认真严谨不仅存在于他的求学时期，就是以后从事学术研究，他也依然如此。曾协助王瑶编写《〈故事新编〉散论》的钱理群说，王瑶为研究《故事新编》积累的资料中，"有的是剪报，有的是正规卡片，有的竟是香烟盒、旧日历；上面或密密麻麻地抄着原始资料，或歪歪扭扭地写着三言两语偶尔掠过的思考，有的就只有有关材料的出处；再仔细看，这些纸片的时间跨度竟长达几十年。"[1] 王瑶的博识，不仅仅源自他过目不忘的记忆力，还得益于他对学术的日积月累。联大的另一个优势是：师生居住得比较集中，学生与教授近距离接触的机会很多，在茶馆里经常看到师生交流谈话的身影，耳濡目染中，学生受益匪浅。所以王瑶一再强调"学术研究工作总是在前辈学者的哺育和影响下起步和前进的"。[2] 这里主要是指王瑶受朱自清和闻一多言传身教的影响，具体的治学门径及其学术观点都直接师从闻、朱，在学术研究中态度严谨又视野开阔，这样的学术追求奠定了王瑶通达古今的坚实基础。

（二）思维敏捷

王瑶在青年时代即已显示出才思敏捷的个性，他主编《清华周刊》第 45 卷时发表的诸多时评文章，观点犀利、见解独到。如，西安事变刚刚开始，在只看到"中央社的片面简短消息，对于张学良的动机和主张都尚不大清楚"的情况下，王瑶即写了《西安事变》一文，他"根据过去事实的推测"指出，"这不是单纯的争权夺利的叛变和内战"，很可能

〔1〕 钱理群：《世纪末的沉思》，河北人民出版社 1997 年版，第 49 页。

〔2〕 钱理群等编著：《王瑶和他的世界》，河北教育出版社 2000 年版，第 312~313 页。

是"为了要对敌抗战，为了反妥协外交""对蒋作最后诤谏"。文章还表示，"我们不希望由此发生任何内战"，希望"和平处理"西安事变。[1] 相比较而言，当时清华的一些倾向于"国家主义者"的教授却疾呼要严惩张学良，因为此举有损"国家领袖"之尊。是年王瑶22岁，他在历史事件发生"当时"所作的这些判断，已为以后历史的发展所证实。由此可以看到先生敏锐的历史眼光，以及透过纷繁复杂的现象抓住实质的思想穿透力。

西南联大，是王瑶积聚毕生知识财富的一个重要场所，为王瑶思维品质的形成提供了广阔空间。王瑶的成绩不仅得益于名师的指点，还得益于学生之间的经常辩论和他自己的潜心钻研。唇枪舌剑般的辩论促进思想的交流与碰撞，课余聊天般的学术讨论就如同潺潺流水，流经每个人的心田，这样的交流对王瑶敏捷思维的塑造和培养有积极意义。据王瑶的同窗好友吴宏聪回忆，学生时代在与王瑶的一次聊天中，谈到闻一多先生讲唐诗。吴宏聪说"一首《春江花月夜》听得学生如醉如痴，仿佛置身于'春江潮水连海平，海上明月共潮生'的神奇境界"，王瑶则不仅感受到这种神奇境界，还从更深层次洞察闻一多先生对美景的赏识。王瑶认为，"闻老师是引导听众一起去捕捉人与自然打照面时，那种刹那便是永恒的感受。"[2] 王瑶的见解让吴宏聪备受启发，他无不称赞王瑶敏捷的思维及过人的睿智。

---

〔1〕 王瑶：《王瑶全集》（第7卷），河北教育出版2000年版，第160~162页。

〔2〕 钱理群等编著：《王瑶和他的世界》，河北教育出版社2000年版，第63~64页。

1949 年后，高校进行教学改革，"新文学"成为中文系的一门主要课程，师资十分缺乏，王瑶于是改教中国新文学史。在教课的同时，他完成了《中国新文学史稿》的上、下册，使"新文学"的课程有了可供借鉴和讲授的最初讲稿。《中国新文学史稿》奠定了王瑶在现代文学史研究中的学术地位，也成为之后的一系列运动中，王瑶屡受批判的重要原因。尽管身心都遭受不同程度的打击，但是在王瑶写下的各种检讨文章以及完成上面指派的各种任务性写作中，仍然能够看到王瑶睿智、机敏的一面。王瑶在处理以上的一些被迫性写作时，常常应用"打太极拳"的艺术，从内容主旨到文章的遣词造句，尽量突出客观性，多用模棱两可的说法，以求自圆其说。在与各种斗争与批评的较量中，王瑶思维的敏捷与机智不仅尽可能地保全了自己，也保全了他人。

三、"真性情"与"五四精神"

王瑶在《自我介绍》中曾如此追忆其过往：

在校时诸多平平，鲜为人知。惟斯时曾两系图圈，又一度主编《清华周刊》，或能为睽违已久之学友所忆及。多年来皆以教书为业，乏善可述，今乃忝任北京大学教席。迩来垂垂老矣，华发满颠，齿转黄黑，颇符"颠倒黑白"之讥；而浓茗时啜，烟斗常衔，亦语"水深火热"之味。惟乡音未改，出语多谐，时乘单车横冲直撞，似犹未失故态耳。[1]

王瑶简单的言语，形象地将其个人精神面貌与性格特色描

---

〔1〕 王瑶：《王瑶全集》（第 8 卷），河北教育出版 2000 年版，第 103 页。

摹出来。王瑶逝世后，其及门弟子共同献上一副挽联："魏晋风度，为人但有真性情；五四精神，传世岂无好文章"。这副挽联不仅概括了王瑶的学术研究领域，还是对他个人魅力的深情表达。王瑶其人就像一本有待翻阅的经典，读得越深，越能体会他的博大与深远。

（一）"魏晋风度"之"清俊、通脱"

1. 爱憎分明清醒冷峻

20世纪40年代，王瑶在西南联大期间，不惜耗费六年的时间潜心研究魏晋文学。他对魏晋的兴趣，与其说是学术性的，倒不如说是超越了历史与时间的心灵相契。王瑶极为欣赏鲁迅《魏晋风度及文章与药及酒之关系》一文，并在此文章的启发下，大量收集资料，将其扩展为内容丰富、篇幅近30万字的一篇长论——《中古文学史论》。鲁迅对魏晋的一个概括是"清俊、通脱"。想必，在与先人的交流与沟通中，王瑶与魏晋人的"清俊、通脱"有着内在的默契感。陈平原称王瑶先生是"为人但有真性情"，在后辈学生们看来，这种"真性情"就表现为他现实生活里的爱憎分明和对人与事的清醒甄别上。

2. 坦荡率真诙谐幽默

熟知王瑶的人，都有感于他的"出语多谐"，以及坦露其率真个性的山西口音和朗朗笑声。无论是在客厅里海阔天空地交谈，还是作学术报告，他讲着讲着就会莫名其妙地"哈哈哈"大笑起来。这笑声里蕴藏的是王瑶个性中的率直和坦诚。除此以外，王瑶妙语连珠的语言能力也是为其诸弟子所公认的。但见《自我介绍》短短百余字，简洁凝练、寓意深刻。尤其是"华发满颠，齿转黄黑，颇符'颠倒黑白'之讥；而浓茗时啜，烟斗常衔，亦谙'水深火热'之味"这一句，幽默中不失大雅。"颠倒黑白""水深火热"的表达，既形象又深刻。所谓形象，是从其表层涵义理解的；深刻，则是从暗含的意义来分析的，这正是对他所生活的时代里知识分子境况的一种现实表达，个中滋味只有当事人才能体会。"出语多谐"，平实的语言中蕴含丰富的人生智慧，幽默中更显精神之豁达。

（二）"五四精神"之"民主、创新"

王瑶对"五四"的理解与认同，以及自觉或不自觉的精神继承，很大程度上可以用"天时""地利"与"人和"三个词语来概括。"天时"，即王瑶价值观与人生观逐步形成，有了独立的自我判断能力之时，"五四"运动已有二十余年的历史。新文化运动，在引进外国文化的同时，已开始考虑与中国传统文化的融合与并接，并使其具有本土特色；"地利"即王瑶于1934年考取的北平国立清华大学，是国家重点学府，也是"五四"文化发祥与传播的重要阵地之一，有着丰富的文化资源，西南联大时期更是云集了北大、清华、南开三所高校的各领域精英人才；"人和"即王瑶直接或间接接触到的老师，诸如朱自清、闻一多、俞平伯、陈寅恪等都是"五四"文化影响下的一代学者，尤其是在名师云集的西南联大，战乱拉近了师生间的距离，彼此学术交流频繁，如此氛围下，导师言传身教的意义也就更大。耳濡目染中，王瑶一辈的知识分子对"五四精神"的完美继承也就不足为奇了。

1. 学术研究中的民主观念

王瑶在培养学生方面，尤其注重民主，他不以个人的喜好和要求限制学生的选择。他说："我讲的'民主'，不光是指学古学今可以随便，而且是指观点和我针锋相对也不要紧。只要你的研究成果持之以恒、言之成理就可以了。"〔1〕对王瑶民主之风，有深刻印象的，莫过于凌宇（"文革"后招收的第一批研究生之一）。在凌宇毕业论文答辩过程中，王瑶直言不讳地对其论文观点予以否定，答辩氛围顿然紧张。在回答环节，凌宇起初还是避难就易，没有直面回答问题。但王瑶毫不客气地要求凌宇正面回答答辩委员会的问题。凌宇抱着"豁出去"的态度，据理力争，与导师做了针锋相对的论辩。最终答辩委员会全票通过他的论文。毕业后，王瑶在给凌宇的一封回信里这样说："你思想比较敏锐，文笔也不错，假以时日，定可有所成就。……学术上彼此观点不尽相同，乃自然之事，并不可怕。惟不宜自视过高，俯视一切而已。"〔2〕他对学生的民主态度正是因为他始终信奉"真理面前人人平等"，而这正是"五四"科学、民主精神在学术上的体现。

2. 不断谱写新的学术篇章

奠定王瑶学术地位的两篇著作，均完成于 20 世纪四五十年代。之后遇不正常的政治运动，正当年富力强的王瑶却不得不停笔，十余年的政治运动使他不得不保持沉默，学术研究就此中断。80 年代以来，政治紧张的氛围有所缓解，学术圈逐渐恢复了以往的生机，此时的王瑶已是"花甲之年"。在钱理群有关导师的记忆里，有这样一个片段：

有一天王瑶先生找到我，他说，我现在面临两难选择：我

---

〔1〕 钱理群等：《王瑶和他的世界》，河北教育出版社 2000 年版，第 175 页。

〔2〕 钱理群等：《王瑶和他的世界》，河北教育出版社 2000 年版，第 195 页。

现在年纪大了，要是继续发挥余热，不过是"垂死挣扎"；要是什么也不做，那就是"坐以待毙"，你说我该怎么办？他最后的选择是："与其坐以待毙，不如垂死挣扎。"[1]

正是"与其坐以待毙，不如垂死挣扎"的选择，笔者看到了王瑶晚年更多的佳作。新时期他虚心整理和修订早年的著作，应读者需求，加以出版；在1981年鲁迅百年诞辰纪念活动中，他宣读的论文是《〈故事新编〉散论》。这篇倾注了王瑶毕生研究功力的论文，先后获北大首届科研成果荣誉奖和北京哲学社会科学优秀成果荣誉奖；1986年在全国社会科学"七五"规划会议上发表《王瑶教授谈发展学术的两个问题》，并在此发言的基础上，提出"学术史"研究的命题，这在当时学术界引起很大的反响。夏中义将此称为王瑶的"衰年变法"，遗憾的是"出师未捷身先死"，还没来得及细化研究任务，王瑶就先人而去了。最终在陈平原等人的共同努力下，王瑶以"学术史"命题为主线的著作《中国文学研究现代化进程》得以问世，算是告慰先生在天之灵。

第二节　游谈中的教育智慧

清华校长梅贻琦在《大学一解》中对理想的师生关系作过以下形象描述：

古之学子从师受业，谓之从游，孟子曰，"游于圣人之门

---

〔1〕 钱理群：《致青年朋友：钱理群演讲、书信集》，中国长安出版社2008年版，第157页。

者难为言"，间尝思之，游之时义大矣哉。学校犹水也，师生犹鱼也，其行动犹游泳也，大鱼前导，小鱼尾随，是从游也，从游既久，其濡染观摩之效，自不求而至，不为而成。[1]

王瑶毕业于清华，并一度留校任教，对梅贻琦校长的治校理念有切身体会。求学于西南联大，与诸位名师更是有近距离的接触，除课堂上的知识传授外，课外的师生交流也是联大学生生活的一部分，他们对此有切身体会。梅校长"从游论"影响下的师生"从游"正是当时西南联大一道美丽的风景线。王瑶作为历史的亲历者，"从游"于名师，完成自身学术与人格的积淀，若干年后，王瑶亦担任起"大鱼前导"的重任。本章欲在丰富的表象下，提炼王瑶游谈中散落的教育智慧。那么什么是教育智慧呢？如同智慧之于个体一样，教育智慧之于教育，同样体现为教育的一种品质、状态和境界。教育智慧通过教师的教育活动内化为教师的教育目的和理想、教育价值以及教育过程、教育环境的方方面面。以下将从两个方面，具体探讨王瑶教育智慧在教育实践中的体现。

一、游谈的价值取向

在王瑶的重要著述里，所呈现的多是王瑶在古典文学与现代文学两个领域内的专业贡献。王瑶回顾总结自己教育教学的著述甚少，倒是在后辈学生的回忆文章中，对他的师者形象有很多的追溯。王瑶的一些经典游谈内容，给予后学很多启示和教诲，以至于陈平原感慨，"先生晚年写文章不多，而且好多

---

〔1〕 刘述礼、黄延复编：《梅贻琦教育论著选》，人民教育出版社1993年版，第102页。

绝对精彩的议论也未必都适宜写文章。我一边庆幸自己有
'耳福'，一边叹息受益者太少。好几次想做点笔记或者录音，
又嫌破坏情绪，无法尽兴而谈。"[1]　王瑶的精彩议论想必是
涵盖学术内外的，那些未来得及反思成文的想法和观念，随着
他的离世，亦成为"残阳绝响"。以下是在细读王瑶文章和王
瑶学生的回忆性文章的过程中，从字里行间爬梳、整理出的一
些想法。笔者愚笨，自知尚不能全面、系统地呈现王瑶在游谈
中的理念与价值取向，但求以下所述几点，能概括其教育智慧
之一二。

（一）涵育通识

培养具有通识的人才，是清华的教育理念。这一理念的首
倡者即为清华校长梅贻琦。三四十年代汇聚于清华（以及西
南联大）的一批学者教授，皆是学术上的通人。国内一流的
学府里汇聚全国一流的学者教授，培育出一流的学生，可谓自
然而然。20 世纪 40 年代，王瑶就读于西南联大，接受了系统
的学术训练，毕业后留校任教。50 年代以后，他在学术上取
得的骄人成就，与在西南联大期间的知识积累有很大关联。落
实于实践的通识教育不仅客观上使学生掌握了全面系统的知
识，重要的是它作为一种治学理念已深深地植根于学生的头
脑中。

通识教育，作为学校的一种教育理念，可以体现在具体的
教育实践中。比如，联大校部规定：一、二年级学生，除
"三民主义"、伦理学、军训、体育外，所有院系学生都必须

〔1〕　钱理群等编著：《王瑶和他的世界》，河北教育出版社 2000 年版，
第 223 页。

学习国文、英语、中国通史；理工科学生必须修习一门人文社会科学课程（政治学、经济学、哲学、社会学、法学概论等任选一门）；文、法科学生必修一门自然科学课程（普通物理、普通化学、普通生物、高等数学和科学概论等任选一门）。[1] 对于个体来说，笔者认为，通识就意味着学识渊博、兴趣广泛，不局限于个人专业的狭小领域。正如王瑶所说，"人的知识面广阔，对社会现实就可以有更清楚的认识；而且二十世纪人类知识已向新的综合的或'边缘'的趋向发展，把自己囿于一隅，往往会走上孤陋寡闻的新学究道路。"[2] 王瑶在研究中始终秉持立足当代、融合中外、统摄古今的态度，继承民族传统文化（文学）使之现代化，接受外来文化（文学）使之民族化，并把这一双向进程的辩证认识贯穿到了鲁迅研究、中国现代文学研究的各个侧面和总体综合探讨之中，故能横越古典与现代两个文学领域，且都有很高的建树，还是鲁迅研究的专家。从王瑶研究的特点看，不难发现他在研究中的"通识"理念。在育人方面，他也始终贯穿着通识理念，注重学生全面发展。

陈山，是"文革"后王瑶招收的第一批研究生之一。他回忆说，"入学后不久，我们每个人便收到一份长长的书单，这是王先生手订的必读书目，全部是现代作家的作品，限期读完。王先生当时强调我们研究生的学习与研究必须从通读原始

---

〔1〕 萧超然等编：《北京大学校史（1898—1949）》（增订本），北京大学出版社1988年版，第391页。

〔2〕 王瑶：《王瑶全集》（第6卷），河北教育出版社2000年版，第532页。

资料，尤其是从作家作品开始。"〔1〕从"长长的书单"就可以看出，王瑶对待学生的态度。除规定必读书目限期读完外，王瑶还要求研究生每周都开一次讲座，起初由老师讲，有校内老师也有外校的教师，最后是学生自己讲。在开讲座之前，系里出通知，谁都可以到场听讲。讲座结束后，留出讨论时间，大家可以畅所欲言，自由讨论，最后由王瑶等教师做点评。笔者认为，开讲座的形式在很大程度上，是学生完成自学并将知识内化的一个过程，为其以后的教学与研究工作打下坚实基础。首先，开讲座过程中，学生需要在课下做大量准备工作，广泛阅读、收集资料，完成报告的内容。这就达到了王瑶要求学生"通读"的目的。其次，大家相互讨论，在思想的交流与碰撞中借鉴和吸收彼此的观点，这有利于学生贯通眼光的形成。

（二）培养学生的独立思考意识

在通识教育理念的影响下，王瑶培养学生不仅重视基础知识，同时还特别注重培养学生的独立思考能力，提倡学生的个性发展。个性的发展，就是要有独立的见解，有自己独立的思考方法，这样才不会迷信权威，才能有所创新。王瑶对学生的创造精神总是热情鼓励，即使是意见相左，他也抱极宽容的态度。他经常说一句话："我可以不赞成你的意见，但是我坚决捍卫你发表意见的权利。"〔2〕因此，王瑶门下的研究生，都感慨先生在学术上的宽容态度，给了他们足够的自由发展

---

〔1〕 钱理群等编著：《王瑶和他的世界》，河北教育出版社 2000 年版，第 206~207 页。

〔2〕 钱理群等编著：《王瑶和他的世界》，河北教育出版社 2000 年版，第 133 页。

空间。

王瑶尊重学生的个性发展，重视学生的独立思考。在学习过程中，他采取的是"自学为主，个别辅导"的形式。自学是鼓励学生自我管理，这在当时的教育状况下是极其普遍的，在研究生阶段的教育更需如此；在对学生进行个别辅导时，面对面交谈，形式比较自由，谈论的范围也很广泛。王瑶要求研究生定期给他交读书报告或读书笔记，以此检验学生自学的成果。学生读书报告的一些观点和看法中，不乏他们独立思考的成分。他对学生上交的读书报告常常是批评多于赞赏，总是找出一堆的问题，有时都让学生觉得自己的文章"了无是处"。在弟子面前，先生永不奢谈"就该如此"，却时时告诫"此路不通"。他的弟子凌宇认为，导师的这一做法，是一种极高明的引导法。"姑且不论'已能如此'的那份功力，即便不说，已经不会自己跑掉，而通达目的的具体途径，似乎又不止一条。只能如此的僵硬规定，弄不好反是画地为牢，限制并扼杀了学术的创造力与想象力。而恰如其分的'此路不通'的告诫，却正可以防止治学中的走火入魔。"[1] 笔者赞同凌宇教授的分析，相比于王瑶鼓励学生自学的方法，这种评价与指导方式也不失为鼓励学生独立思考的语言智慧。令学生们更为感动的是，那些被王先生批得"了无是处"的文章，事后，他却热心地向找他的编辑们推荐发表。正是王瑶先生这种外冷内热、无微不至的关怀，鞭笞和激励着学生不断向前，并且培养了学生独立思考的思维习惯。

---

〔1〕 钱理群等编著：《王瑶和他的世界》，河北教育出版社 2000 年版，第 192 页。

　　除了在交流中有意识地培养学生的独立思考意识外，能容忍与自己意见相左的观点，也是王瑶对学生独立思考的极大鼓励。凌宇在研究生阶段特别推崇沈从文，认为他是现代文学的第一人，而导师王瑶则认为沈从文是一个有特点的作家，是名家，而不是大家。在最后的毕业论文答辩时，导师王瑶和学生凌宇之间展开了一场辩论。因为凌宇的论文不是王瑶先生指导的，王瑶在看了论文后即表示不满，但论文重新来做已经来不及。这种不满在答辩现场中表现为师生之间就对方观点的激烈争辩。最终，王瑶还是通过了凌宇的论文。在以后师生的通信里，王瑶还夸凌宇聪明，并提醒他不要太骄傲。凌宇毕业后的很多年里，他们都有信件来往，师生情谊依然很浓。由此可见王瑶对培养学生独立思考意识的重视程度。

　　（三）对学生未来学术发展的期望

　　王瑶对后辈学生的研究有很大的期待。他曾给学生提出一个高的标尺："每写一文，必要对所研究的课题有所推进，或提供新材料，或提倡新的观点、思路，必要有自己的发现；而所写的重要论著，则应成为所研究的课题的一个不可忽视的存在，别人的研究可能也必然超过你，但却不能绕开你的研究。"[1] 王瑶的众多著作中《中古文学史论》和《中国新文学史稿》就是两部经典之作，在同领域的研究中，他仍是"不可忽视的存在"。因此，王瑶对后辈学生寄予着更高的期望。

　　"文革"后，国家恢复高考制度，王瑶开始招收研究生。

----

〔1〕 钱理群：《我的精神自传》，广西师范大学出版社 2007 年版，第295 页。

由于历史的原因，十多年来全国人民几乎不读书，或只读《毛选》一本书。国家政策的转变解除了"政治身份"的限制，多年累积的人才，得以重聚一堂。78级的研究生，王瑶总共招收了钱理群、温儒敏、凌宇、陈山、吴福辉、赵园、张玫珊七位弟子。无论是学生，还是导师，内心都有一种解放感，有一种压抑已久的学习冲动。"早晨5时半起床，去未名湖跑步、读外语；上午7时半和下午2时半和晚上6时半是一日三次进图书馆；晚间12时睡觉。"[1] 这是吴福辉当年自拟的一份作息时间表，其他的同学也不例外，食堂——图书馆——宿舍"三点一线"般的生活持续了整整三年，由此可见他们对知识的渴求程度。回忆这段学习时光，吴福辉还打趣说："三年中几乎每天如此，周而复始，围绕着一塔（踏）湖（糊）图（涂）。"[2] 不仅学生从入学开始就保持一种积极的学习态度，导师对学生的读书要求也是非常严格的。开学伊始，王瑶第一次与学生见面就给学生制定了庞大的读书计划。包括作品单行本、报刊、理论文章等，足有几百部以上，简直可以用洋洋大观来形容。他告诫学生要注意阅读原来的报纸杂志，这样能够了解作家作品出现的环境、气氛，同时还可以了解初刊的版本情况，进入作家当时写作的实地实境。王瑶这样的安排，是注意到学生在历史原因下整体知识基础的薄弱，以此弥补学生十多年来的知识欠缺，扎实他们的基础知识；同时也是对学生未来学术发展的一种长远考虑。在王瑶看来，只有具备丰富的知识积累，才能形成"专业敏感"的特性，才能

---

〔1〕 钱理群：《寻找北大》，中国长安出版社2008年版，第192页。

〔2〕 钱理群：《寻找北大》，中国长安出版社2008年版，第192~193页。

够在读书时开阔思路，在研究中表现出一股宏大气魄。

陈平原在 80 年代末，发表了一篇名为《学者的人间情怀》的文章，在这篇文章里，他第一次大胆地提出了"政学分途"的理念，这个提法深得导师王瑶的欣赏。他的观点揭示了百年中国学术发展的曲折历变以及知识者的矛盾挣扎。对于在象牙塔内选择"述学"的知识者，学术是安身立命之本，而对于复杂的政治，不是漠不关心，而是保持一种人间情怀。这样的研究气魄和精神境界正是王瑶一生所努力追求的，也是王瑶晚年对学生的期待。陈氏的观点在学术史的研究中同样是"不可忽视的存在"。

二、独具魅力的"神聊"

人与人之间的沟通与交流是生活中不可或缺的一部分，语言作为一种交流载体，在彼此交流中承担了很大一部分的工作。除语言这一载体外，交流者的动作、表情和神态都会影响交流的效果。王瑶从事教育教学工作 40 余年，师生间的言语交流已成为他生活中必不可少的一部分。在王瑶晚年，他的学术成就历经考验，得到学界一致认可。学术环境的改善也使知识分子得到了应有的尊重。1978 年高等教育恢复，王瑶开始招收研究生。在研究生的培养过程中，王瑶给研究生上的课是很少的。王瑶与学生接触交流的主要方式是面对面的指导，然后就是放手让学生自己去自学，因此很多学生对王瑶印象深刻。王瑶的指导除单纯的课堂教学外，主要就是课堂外的聊天。学生都视先生的聊天为百科全书式的"神聊"，口耳相传之下，"神聊"就被定格为王瑶育人的一大特点。

（一）"神聊"何以可能

熟识王瑶的人都有感于王瑶晚年在斗室中，涉及古今中外经史子集的"神聊"，谈学问中的人生，谈人生中的学问。王瑶的"神聊"不是一时之雅兴，而与他的生活经历和周围环境的变化有着很大关联，因此，对于七八十年代的王瑶来说，"神聊"成为他育人的一种方式并非无稽之谈，而是有很大可能性的。

首先，王瑶在学生时代，就对"神聊"这种学术交流方式深有体会。西南联大时期，师生之间的交流非常频繁，谈学论文是联大学子的一种生活方式。在当时的茶馆和宿舍中常常能遇到学生之间"无休止"论辩的现象，就是日常的随意谈笑，也被他们抹上了浓厚的学术色彩。当这种在日常生活中谈学论文的习惯形成以后，就深深地植根于联大学子的生命之中。这段不同寻常的求学生活，在王瑶一生中，也是一段抹不去的记忆。在联大学子后来的生活中，清谈学问成为生活中不可或缺的一部分，甚至是生命的支柱。

其次是现实生活的改变。1949 年后的一段时间里，知识分子遭遇政治运动的风波，人身自由和言论自由受到不同程度的威胁与限制，王瑶在这股政治风波中也难逃厄运。"文革"后，社会风气得到扭转，知识分子逐渐受到应有的尊重。在相对宽松的政治氛围与学术氛围中，王瑶尘封多年的人生感悟和学术思考终于有机会被拿来与学生分享。同时，在思想解放的年代，曾经被压抑的情绪也需要通过各种渠道加以宣泄，王瑶的"神聊"从某种程度上来看，未尝不是一种自我解放的方式。这些历史的缘由及其个人的生命体验，使得王瑶的"神聊"成为一种具有可能性的育人方式。

最后，"文革"结束后，中国高等教育百废待兴，学位与研究生的教育正处于摸索阶段。1978 年首批新招研究生入学，王瑶招了 7 个学生（钱理群、温儒敏、吴福辉、凌宇、陈山、赵园、张玫珊）。1980 年 2 月 12 日，第五届全国人民代表大会常务委员会第十三次会议通过了《中华人民共和国学位条例》（以下简称《学位条例》），并于 1981 年 1 月 1 日开始施行。这是新中国成立以来颁布的第一个学位条例，它标志着我国学位制度产生，同时也意味着我国研究生教育将在此基础上逐步走向正规化和现代化。从国家《学位条例》产生的时间来看，这已是王瑶招收的首批研究生入学的第三个年头。这也就意味着，我国高校对招收的首批研究生，在培养方式和学校教育制度方面尚处于探索阶段。因此，在各种制度尚不够完善的阶段，导师的影响就显得很重要，王瑶"神聊"式教育的独特作用在这种环境下也有了淋漓尽致的发挥。在 70 年代末的研究生培养中，导师的个性与魅力对学生的影响与塑造力量是不可低估的。

正是以上三方面的因素，使王瑶的"神聊"能够成为可能，并在教育中发挥它的积极功效。神聊氛围的营造，神聊的多方导入及其神聊内容的丰富，都使王瑶的"神聊"有了教育的内涵。

（二）别具一格的神聊氛围

北大镜春园 76 号是留在王瑶诸弟子心中再熟悉不过的一个住址，它是恩师生前居住的地方。居所的别致与幽雅，常常出现在后辈学生的文章里：

居所是一个独立的四合院，门口有一对高大的石狮子，曾是黎元洪的别墅。进门是一个大院子，有高大的柏树，有青翠的竹子，有蓬勃的杂草。走进居所，客厅里摆着一套明式的红木家具：大书案，八仙桌椅，书柜。有一套商务印书馆出版的箱装四部丛书。书架上的书籍分门别类，整理得有条不紊。西墙上挂着三帧条幅：靖节先生的画像和《归去来兮辞》全文；鲁迅《自嘲》诗手迹的水印木刻；沈尹默先生书赠的墨宝。客厅中央按凹字形放着一组沙发。沙发前是茶几，茶几前是一架彩电。[1]

从书房的布设格局来看，书香气息无须多言，题有《归去来兮辞》的陶渊明画像和挂着的鲁迅《自嘲》诗手迹，正象征了"魏晋风度"和"五四精神"两种精神和情趣所在，它不仅涵盖了王瑶先生的治学范围，还体现着先生的立身处世之道。在这弥漫着浓郁文化气息的书房里，王瑶熏陶出诸多优秀人才，在他的带领下，现代文学学科得到了长足的发展。

王瑶生活上有一个习惯，就是在夜里工作，他常常工作到夜里三四点。因此，学生大都是下午去先生家里请教。陈平原说，"先生习惯于夜里工作，我一般是下午三四点钟前往请教。很少预先规定题目，先生随手抓过一个话题，就能海阔天空侃侃而谈，得意处自己也哈哈大笑起来。像放风筝一样，话题漫天游荡，可线始终掌握在手中，随时可以收回来。似乎是离题万里的闲话，可谈锋一转又成了题中应有之义。听先生聊天无所谓学问非学问的区别，有心人随时随地就是学问，又何必板起脸孔正襟危坐？暮色苍茫中，庭院里静悄悄的，先生讲

---

[1] 钱理群等编著：《王瑶和他的世界》，河北教育出版社2000年版，第93页。

讲停停，烟斗上的红光一闪一闪，升腾的烟雾越来越浓——几年过去了我也就算是被'熏陶'出来了。"[1]

王瑶之所以选择下午近黄昏的时间和学生交流，一方面，是其作息时间的缘由。由于晚上工作到太晚，上午自然是要休息的。另一方面，笔者认为，在下午近黄昏的这段时间，先生思维较为活跃，并且他本人应该也很享受黄昏时的静谧，就像他习惯在夜里工作一样。在周围静谧的环境下，可以达到写作中神游冥想的效果。王瑶的导师闻一多先生，就喜欢在黄昏后给学生上课。据学生回忆，闻一多先生曾不惮其烦地向注册科交涉把上午的功课移到黄昏以后，因为他就像中国许多名士一样，夜间比上午讲得更精彩。讲到兴致盎然时还会把时间延长下去，直到"月出皎兮"的时候，才回到居所。王瑶在和学生聊天时，讲到得意处，也是无所顾忌地哈哈大笑，大家都将这种笑视为王瑶式的独特笑声。

王瑶在另外一种意境下的神聊，较之客厅里的闲谈，是有过之而无不及的，那就是酒后。王瑶爱喝酒，但量似乎不大。他把"一不要戒烟，二不要戒酒，三不要锻炼"奉为养生之道。在浓烟缭绕、酒后微醺的状态下，王瑶谈兴倍增，而且更加神采飞扬，妙语连珠。40年代，王瑶在撰《文人与酒》一文时，曾引杜甫诗："宽心应是酒，遣兴莫过诗。此意陶潜解，吾生后汝期。"[2] 喝酒不见得都是寄托忧思，但对于王瑶来说，未尝不是"宽心""遣兴"的一种方式。

---

〔1〕 钱理群等编著：《王瑶和他的世界》，河北教育出版社2000年版，第223页。

〔2〕 王瑶：《王瑶全集》（第1卷），河北教育出版社2000年版，第204页。

（三）"形散而神不散"的"神聊"内容

王瑶在斗室中的神聊给学生留下深刻的印象，不仅仅是其独特的、难以效仿的音容笑貌，还有其对学术与人生的思考，这些给后辈学生留下了宝贵的精神财富。钱理群说："他（王瑶）坐在小小的客厅里，眼观政治风云，纵论天下大事，分析文坛、学界形势，针砭时弊，预测国家、民族命运，探讨历史走向……依然是才华横溢，妙语连珠，并且兴致勃勃。"[1]王瑶聊天的内容超越学术研究的范围，他不是那种醉心于纯学术思想领域而缺乏现实感的迂阔学者，而是有着博大的人间情怀。

他对社会现实的精准把握使他清醒地意识到，自己是在什么样的现实条件和环境下，从事科学研究。他一边忙于对政治形势、生存现状的分析，一边又努力维护学术研究的独立性。他告诫弟子，在学术研究中，既要保持"求真"精神，绝不做违心之论，但也要注意掌握"什么时候，可说，不可说，说到什么程度"之类的分寸。在他的学术研究中，能够看到这样一种努力：他总是十分小心地不让他的政治分析渗透到学术研究中去，尽可能保持学术本身的客观性与独立性。因此，他卓有见识的政治、时事分析又不能通过他的学术研究对社会产生影响，而只能成为一种清议与空谈。客厅里作时势分析时的语言表达方式，与他写学术文章时的语言表达也就有了严格的区别。钱理群说："先生精彩绝伦的政治分析'对外'既不能产生影响，'对内'却成为对先生自我的一种束缚：这类终

---

[1] 钱理群等编著：《王瑶和他的世界》，河北教育出版社2000年版，第173页。

不免是一种清议、空谈的政治分析，不仅牵扯了先生过多的精力，实质上成为一种才华浪费；而且时时、处处作政治分析的习惯，也弄敏感了先生的神经，对瞬息万变的政治形势种种准确的、不准确的分析、猜测，又总伴随着对自己及周围人的实际命运的种种担忧，这就大大加重了先生'战战兢兢、如履薄冰'的自我感觉……"〔1〕王瑶一生中的大部分时间都处于这种矛盾与苦闷中，他在生命的最后阶段，用自己从痛苦经历中总结出的经验教训告诫弟子，"不要到处打听消息，少做无谓的分析，不要瞻前顾后，不受风吹草动的影响，沉下来，做自己的学问……不要问别人你该干什么，怎么干，一切自己选择，自己负责。"

　　王瑶敏锐的观察力还使得他对人事有着过人的感悟和精准判断。他身居燕园，对于常人的处境、困境以及琐屑的生计问题，都有极细心周到的体察，在闲谈中，绝不以不着边际的说教对人。赵园说："他没有丝毫正人君子者流的道学气。他的不止一位弟子，在诸如工作安排、职称、住房一类具体实际事务上，得到过他的帮助。这种不避俗务，也应是一种行事上的大雅近俗吧。"〔2〕王瑶以他特有的方式关心着弟子的发展，在王瑶诸弟子的回忆中，他很少当面对学生进行褒扬，然而他却密切关注着学生的学术发展，在闲聊中谈到他的某个学生新发表的文章时，他都能粗略记起发表的期刊，并对文章作一简单的点评。他喜欢品评人物，也喜欢谈论逸闻琐事，他往往于

<hr>

〔1〕　钱理群等编著：《王瑶和他的世界》，河北教育出版社2000年版，第175页。

〔2〕　钱理群等编著：《王瑶和他的世界》，河北教育出版社2000年版，第200页。

一些不起眼的小事中分析、判断一个人的性格、趣味和才情，而且确实有先见之明。对极为欣赏的文章或人，他也毫不掩饰自己的爱才之情。1988 年 7、8 月间，陈平原在《瞭望》杂志和《读书》杂志连续发表了几篇文章，王瑶先生对其文章非常满意，于是专门把陈平原找来。在聊天中，除言辞里透露的满意与高兴外，还写了一幅"诟关一己扶持力，自是千锤百炼功"的真迹送给陈平原。

王瑶讲话幽默风趣，喜欢把深刻的生活感受凝聚成具有幽默感而又容易记忆的短小句子。因此，先生有许多广为流传的"隽语"。这都得益于在"神聊"氛围下，其真性情的真实再现。晚年，王瑶完成《〈故事新编〉散论》，钱理群协助其整理资料。钱理群说，"我至今还清楚地记得，文章的每一个小标题，他都与我仔细推敲过，先生的要求十分严格，既要能概括中文内容，又要文字简明，还要前后字数统一，具有形式上的匀称美，'且说《补天》'这个标题都是先生和我一边散步，一边讨论，琢磨了将近一个小时才最后定下来的。我发现，精心选择、调遣语言文字，对于先生简直就是一种享受，他是那样兴致勃勃，甚至是怡然自得地品味，吟哦，陶醉于期间，神态是那样洒脱、从容……"[1] 在类似这样的学术聊天中，先生不仅传授知识，他那种"洒脱、从容"的陶醉状态和严谨的学术态度更能感动和激励学生。此时，人格魅力对学生身心的塑造发挥着更大的作用。

王瑶的"神聊"涉及生活的方方面面，有不登大雅之堂

---

[1] 钱理群等编著：《王瑶和他的世界》，河北教育出版社 2000 年版，第 173 页。

的嬉笑调侃、生活琐事，有上升到思想领域的交流切磋，还有大到对上层建筑的沉思揣测。看似庞杂无序，却从多个层面体现出王瑶先生的真性情。他是真实的，有着强烈的现实感和责任感；他是痛苦的，挣扎于政治与学术的矛盾漩涡中；他是释然的，从后辈的身上看到希望，并由衷地高兴与欣慰。

第三节 王瑶的教育智慧对后学的影响

在上一节内容里，笔者对王瑶的教育智慧进行了两大方面的论述。他的教育智慧是教育科学与艺术高度融合的产物，是其在教育实践的基础上，对教育长期反思和感悟的结果，也是他的教育理念、知识学养、情感与价值观、教育机制、教学风格等多方面素质高度个性化的综合体现。这些教育智慧，通过他的语言、形体动作和情感流露出来，对后辈学生产生重要影响。以下将从对学生智慧的启迪与人格塑造两大方面详细论述其影响。

一、对学生智慧的启迪

王瑶独具特色的"神聊"，内容丰富，不拘泥于为学术而学术的讨论，而是涉及生活的方方面面，生活中遍布学问，学问寓于生活当中。他的教育活动超越"传道授业解惑"的层次，在给学生开启知识大门的同时，还教会了学生如何思维以及如何将知识转化为智慧所必需的贯通能力。

（一）知识视野的拓展

知识是构成智慧的基础，无知必无智，因此，知识始终是智慧的基本要素，并且始终是教育的基本内容。王瑶的游谈内容涉猎范围很广，超出书本知识的局限，丰富了学生的知识，拓展了学生的学术视野。

钱理群在"文革"后，入王瑶先生门下，跟随先生从事现代文学的研究。受王瑶对鲁迅研究的影响，他也研究鲁迅，研究周作人，与周氏兄弟结下不解之缘。此外，他还关注近代知识分子精神史的研究，比如他相继出版了《心灵的探寻》（1988 年）与《1948：天地玄黄》（1998 年）等。2002 年退休后，他又回到中学和"文革"时工作过的地方——贵州，开始关注语文教育、西部农村教育以及地方文化的研究。钱理群先生与青年学生始终保持着密切的联系，《致青年朋友：钱理群演讲、书信集》一书就是他与大学生们进行心灵对话与交流的产物，该书收录了他多年来在全国各地的 16 篇演讲以及与青年人交流的 50 通书信，为广大青年朋友开启了广阔的精神空间。

再比如，王瑶的得意门生陈平原，他的研究首先涉猎了中国的古典小说，然后是明清散文研究，接下来是学术史的研究，再以后是教育史。相关的著作有：《中国小说叙事模式的转变》（1988 年）、《小说史：理论与实践》（1993 年）、《陈平原小说史论集》（1997 年）、《中华文化通志·散文小说志》（1998 年）、《中国现代学术之建立——以章太炎、胡适之为中心》（1998 年）、《中国大学十讲》（2002 年）等。他自己也说，他的研究除了个人兴趣外，与他的导师王瑶先生也是有关系的。王瑶以前是做中古文学研究的，后来才转向现代文学。因此陈平原的研究兴趣与王瑶有接近的地方，他们都是既关注现代，也关注传统。

温儒敏于 1978 年和 1984 年两度入王瑶门下，攻读现代文学的硕士和博士。他留校北大任教期间，相继担任教研室主任、中文系学术委员会主任、北大出版社总编辑、中文系主任等职。2011 年 9 月温儒敏受聘为山东大学文学院一级教授。他主要从事中国现当代文学、文学理论、比较文学和文学教育的研究与教学。主要著作有《新文学现实主义的流变》（1988年）、《中国现代文学批评史》（1993 年）、《中国现代文学三十年》（修订本）（合著，1998 年）等十余部，编著有《比较文学论文集》（合作 1984 年），《中西比较文学论集》（1988年），《高中语文》（合作，2004 年）等多部著作，发表论文约 200 篇。尽管身兼数职，他仍然承担着横跨多个学术领域的重大课题。

以上三位教授都是王瑶的及门弟子，他们与王瑶先生既为师生，又是同事。他们的学术视野的广度和宽度，与学生时代的知识积累与学术训练是分不开的。

（二）理论思维的锤炼

赵园在追忆王瑶师时说："作为导师，先生自然有他的一套治学标准，有时在我看来近于刻板。比如他对'论文'规格的强调，……然而我应当承认，先生'那一套'，对于训练我的思维与文章组织，是大有益处的。"[1] 赵园的首部著作《艰难的选择》，在王晓明看来"俨然是一部系统性很强的学术专著，目录上章节分明，有正论，有余论，有附录。正论部分的分析都是循序渐进，文字也大多郑重严肃，一眼望去，常常都只见一簇簇的理论名词，许多句子下面，还挤着一排排触

---

〔1〕 钱理群等编著：《王瑶和他的世界》，河北教育出版社 2000 年版，第 197 页。

目的着重号"〔1〕。著作中，除了枯燥的理论思辨成分外，最能打动读者的是作品的人物分析部分。评论中溢露出作者的激烈情感，余论部分中的思考总给读者以发人深省的真知。对人物的分析评价处处呈现随感式的抒情文字。赵园回忆，导师王瑶生前曾教导说，写作中要有"两副笔墨"。想必，这所谓的"两副笔墨"，就是既能搭思辨性的理论架子，又能写一手随感式的抒情文字，既有理论的陈述，又不乏作者感性灵动的见解，集学术与审美于一体。赵园的这部作品正体现了"两副笔墨"的挥洒运用。至于这本书的社会反响，自有"仁者见仁，智者见智"之评价。笔者认为，要完成一部有影响力的作品，对于作者来说，他需要动员他所有的学术潜能，为内容寻求合理的表达形式，从而把他的论述、材料，用一种尽可能合适的文体呈现出来。这个过程对作者的思维能力是很好的训练与挑战。王瑶重视学生毕业论文的深意也就在于历练学生的思维能力，以便为其以后在学术道路上的发展打下坚实的理论基础。

王瑶指导论文的另一个特点就是，帮助学生搭建完成论文的基本框架。在王瑶与钱理群的一次谈话中，他用形象的比喻说道："文章有两种写法，一种是'编织毛衣'式的，只是平列的铺排：一点，两点，三点；一方面，又一方面，再一方面。很有条理，很全面，但看不出观点之间的内在联系，整篇文章是散的。另一种是'留声机'式的，有一根针，一个核心，一个'纲'，所有的观点都围绕它转，这就是所谓'纲举

---

〔1〕 王晓明：《更为艰难的选择——读赵园〈艰难的选择〉》，载《读书》1987 年第 6 期。

目张'，所谓'提纲挈领'。"〔1〕他期望在学生的论文里能体现出所谓的"纲"，使文章有一个围绕的核心和灵魂。王瑶对学生的高标准高要求，从完成论文的整个过程来看，都是对学生思想、理论水准的考验和锻炼。就钱理群的毕业论文来说，他写的是鲁迅和周作人的发展道路比较。王瑶从论文涉及学术与政治的关系、写作的基本的态度和方法、研究的难点和重点，到具体材料的收集、论证，再到论文的组织、结构，都给出了详细的建议，接下来的工作就需要钱理群去找出整个论文的一个"纲"。导师只是就论文给出一个宏观的设想和框架，在具体完成时，学生还需要将提到的各点内容，围绕一个核心组织起来。王瑶对学生的宏观指导，为学生勾勒出一个基本框架，而让学生填充框架的过程就是锻炼思维的过程。

（三）贯通能力的养成

融会贯通在学术研究中发挥着重要的作用，尤其是在专业的壁垒逐渐薄弱、各学科的研究相互渗透的今天，尤为如此。杨义对融会贯通有着较为深刻的理解，他认为："融会就是把外在不同的学科、学派和文化系统相互靠拢、相互融合在一起，贯通是把这些靠拢进来的东西、聚合起来的东西，通过选择、联想、诠释、推理和深化，进入一种内心悟道的境界，使各种因素形成一个逻辑顺序和生命机体。"〔2〕笔者认为，"融会"如同盛物之器皿，将知识汇聚在一起；"贯通"如同沙漏，分门别类，条分缕析，最终通其脉络，得其精髓，把繁杂

---

〔1〕 钱理群：《"无为而治"的北大教授王瑶》，载《文史博览》2007年第5期。

〔2〕 杨义：《中国现代学术方法通论（五）——贯通效应》，载《海南师院学报》1998年第4期。

的东西通过一个深层的东西贯穿起来。王瑶接受的是古典文学的熏陶与训练，后又从事现代文学的研究；他既有传统文化优势，又不乏现代化的宽阔视野。他集古典与现代于一身，从古典中挖掘现实的生命力，又为现代文学寻觅其传统的文化积淀，这种往返来回地印证推理，实现了学术的古今贯通。王瑶的学术涵养与通达智慧，激励后辈学人在这条智慧的道路上不断求索。他对学生的学术训练，比如让学生写读书笔记、做学术报告、开学术讲座等对学生后来的发展有重要意义，为八十年代中后期，学术氛围的活跃、思想的解放培养了中坚人才。

1985 年，黄子平、钱理群和陈平原三个人共同提出了"二十世纪中国文学"这一概念。当时，他们分别还是主攻当代文学、现代文学和近代文学的年轻研究者。他们在"二十世纪中国文学"中所倡导的整体观就是通过打通这三门学科的学科界限而实现的，这在当时的文学界产生了很大的影响。他们说，这个概念是三个人在"侃大山"式的聊天中聊出来的，它是当时的年轻研究者真诚交流、认真思考的成果。这一概念在提出后，引起很大轰动，各种讨论会都对其进行评价，王瑶当时对他们的观点就持不赞成的态度。今天来看，这个概念尽管显示出一些不足，但是在当时的学术环境中，他们那种敢于破旧迎新、学科贯通的研究气魄是值得赞赏的。从陈平原之后的学术发展道路来看，他的研究就都有这种融会贯通的气魄。

陈平原从事的研究领域广泛，关注的内容涉及小说史研究、散文研究、学术史研究和教育史研究。他在研究的每个领域，都有厚实的作品呈现给读者，诸如，关于小说史研究的《中国小说叙事模式的转变》荣获第一届中国高校人文社会科学研究优秀成果二等奖；有关学术史研究的《中国现代学术之建立——以章太炎、胡适之为中心》获第三届中国高校人文社会科学研究优秀成果一等奖，《触摸历史与进入五四》获2009年中国高等学校科学研究成果（人文社会科学）一等奖；有关教育史研究的《中国大学十讲》，及其大量的散文随笔，可读性强，平凡见闻中折射人生哲理，发人深省。他为读者呈现的文化大餐中，既有值得细心品味的学术大作，又有仿若春风拂面般的雅致小文。陈平原在这些学术领域内做出的具体成就，就源自他在各领域的融会贯通。陈平原说，他的学术史研究与教育史研究，两者之间是相互连贯的，都与他对现代以后的中国文化的定位有关系。研究中，他始终坚持在一个全视野的观照下进行具体研究。加上他所接受的正规学术训练，使得他在研究中形成一种自我反省的习惯，凡事不会太得意，也不会太自满，当徜徉于学术的汪洋大海时，能顺利地掌舵前行。

二、人格魅力的感召

王瑶不仅是后辈学生求学道路上，传道、授业、解惑的知识先导，还是学生人生道路上的精神导师。时至今日，王瑶的弟子或与王瑶有过交往的后辈学生，对先生讲授的课程的具体内容已经模糊，而让他们受益无穷、难以忘怀的却是先生在平凡生活中的言谈举止、音容笑貌。课堂外的朗朗笑声，真诚的精神对话，对后辈学生品性的塑造与完善，有着更为强大的影响。

（一）"沉潜"的人生智慧

在钱理群的内心深处，深刻铭记着王瑶师与他的三次难忘谈话，钱理群将其归结为三条师训，在此笔者将其简要概括为三点："不要急于发表文章""淡泊名利""有所为与有所不为"。钱理群说，"王瑶的三次师训其实都是一个意思，概括地说就是'沉潜'两个字。要沉得住，潜下来，沉潜于历史的深处，学术的深处，生活的深处，生命的深处。这是做学问与做人的大境界。切切不可急功近利，切切不可浮躁虚华，这是做学问、做人的大敌。不是不讲功利，要讲长远的功利，着眼于自己一生的长远发展，而不只看眼下的得失。"[1] 钱理群 1960 年大学毕业时就立志要成为一个学者，但从 1960 年到 1978 年，他在贵州安顺地区教书，足足等了 18 年，准备了 18 年，才有机会考上研究生；遵照王先生的教导，又准备了 7 年，直到 1985 年才开始在学界发出自己的独立声音，以后其功力才逐渐向外释放。2002 年退休后五年，他又回归中学和贵州，关注起中学的语文教育与西部农村教育。

　　钱理群在学界"发功"的二十余年里，始终铭记师训，不仅将"沉潜"作为自己人生的座右铭，还期望能有更多的青年人"沉潜"下来。他把大学时代比作是人生的盛夏，认为 16 岁到 26 岁是人生的黄金岁月。16 岁以前懵懵懂懂，完全依赖于父母和老师，16 岁以后开始独立；26 岁以后开始思考结婚生子的一些复杂的事情，真正属于自己的独立时间所剩无几。而从 16 岁到 26 岁的 10 年之间，大学 4 年又是最独立、最自由的。他勉励青年学生，"真本事"受用一辈子。只有在大学的 4 年里，"沉潜"于自己的专业学习，打好基础，学会研究问题的能力，学会思考的能力，才能具备终身学习的能

---

〔1〕 钱理群：《"无为而治"的北大教授王瑶》，载《文史博览》2007年第 5 期。

力。他反复强调，今天的大学特别需要"沉静""清洁"和"定力"，即所谓"静、清、定"这三种精神力量。当整个社会陷于喧闹，大学，大学里的老师和学生，就应该沉静；当整个社会空气被腐败所污染，大学，大学里的老师和学生，就应该清洁；当整个社会陷于浮躁，大学，大学里的老师和学生，就应该有定力。[1] 笔者认为，此处所说的"静、清、定"三种精神力量，与"沉潜"的内涵和实质是一致的。

对于"沉潜"，钱理群说，"沉潜"面临着你怎么"进去"，又怎么"出来"的问题。此问题涉及三个子问题。第一，"进去"不是一件容易的事情。面对所研究的对象，对于研究者来说，要具备一定的知识素养，才有可能与研究对象产生共鸣，从而"进去"研究对象。第二，"沉潜"需要有一种韧性精神，面对研究对象，不是知难而退，而是要知难而进，坚持到底。钱理群在《沉潜十年：最诚恳的希望》一文中，就谈到这种献身精神。第三，关于"出去"的问题。对于所研究的对象，能够进入研究对象只完成研究工作的一半，最后，能否走出研究对象的精神、思维的束缚，有自己的创新与识见，并且对研究对象有所超越，才完成研究工作的另一半。正如钱理群所说："有的人就是把《论语》《孟子》都背下来了，但你听他讲起来还是隔的，所以很难进去。进去以后更难的就是出来的问题，因为东西方传统文化都可以用四个字来概括——博大精深。在你没读懂的时候你可以对它指指点点，你读得越懂就越佩服它，佩服得五体投地。这样，你就被他俘虏

---

〔1〕　孔庆东：《钱理群的三个忧虑》，载新浪博客：http://blog.sina.com.cn/kongqd，最后访问日期：2008 年 4 月 19 日。

了，跳不出来了；这样，你就失去了自我，还不如不进去的好。"[1] 也就是说，在面对如何"出去"的这一个问题上，研究者要有足够的思想力量、足够的创造力和想象力以及怀疑与反思的能力，如此，才不会被研究对象"俘虏"，才能有所超越。

学术研究需要这种"沉潜"于其中的韧劲和状态。笔者不仅从钱理群的身上发现这种精神状态，在赵园、凌宇等人身上，也同样能感受到这种精神境界和学术状态。章学诚说过"学不可以骤几"，赵园对此的理解是，为学不但需要功夫，也要求属于性情的"沉潜"。赵园从现代文学史的研究转向明清士大夫研究，在明清士大夫这个课题上花费了十余年的时间，相继呈献给学界的是《明清之际士大夫研究》，以及七年后出版的该书的续编《制度·言论·心态〈明清之际士大夫研究〉续编》。这两本书加起来有近一百万字，征引书目有四五百种之多，而且许多都是卷帙浩繁的大书，包括丛书和汇编，按册计算甚至不下一两千本，做一个课题要对付这么大的阅读量，着实让人望而生畏。赵园坦陈，这些卷帙浩繁的大书也并不是每本都读、每个章节都读。有了问题，阅读的时候就有可能为多个题目积累资料。对于征引的大部分的书，她都仔细读过，有的甚至是反复阅读。阅读过程中，有些材料是异常枯燥的，而支持她继续读下去的，就是前期的研究成果。研究兴趣也赖于积累，已有的研究越深入，越有成效，越有可能支持后续的研究，这也是一个磨砺意志的过程。十余年，不为外

---

[1]　两校名师讲堂编委会编：《北大清华名师演讲录（二）》，北京大学出版社 2007 年版，第 3 页。

界的浮华所动摇，她始终专注于自己的研究，其学术作品就是她"沉潜"于历史深处寻求真理的最佳佐证。

凌宇也是这样的一位学者，他以对沈从文的深入研究奠定了自己在学界的学术地位，从沈从文研究的早期实践者到成为沈从文研究领域的权威，这期间，凌宇所投入的精力和时间是无以精确衡量的。研究生毕业后，他回到湖南师范大学任教，在那个远离都市喧哗、有着湘西文化特色的地方，他如同置身于沈从文笔下的神秘湘西。他对沈从文研究的坚定与执着，或许部分上也源自于他同样也是来自湖南这个事实，这使得凌宇能在沈从文的作品中找到一种家的感觉。几十年的精神相伴，凌宇对沈从文的研究经历了由浅入深的过程，研究方法与思路随着研究的深入也逐渐开阔。从 80 年代前期关注沈从文作品的真实性和作者的倾向性到 90 年代中期建议从心理学层面、比较文学角度的主题学研究、沈从文精神历程的进一步透视、沈从文"经典重造"思想的研究和沈从文小说的叙事学研究这五个方面和视角的分析，这里的每一步探索与创新，都是凌宇对沈从文作品及其各阶段研究成果的回顾与反思。所以，凌宇在沈从文的研究上真正做到了"沉潜"于其中。

（二）"学术只是生活的一部分"

赵园在回忆自己的学术历程时说，"学术只是生活的一部分，学术对于我不是一切，没有必要让它覆盖我的全部生活。"在接受访谈或公开的学术讲座上，她也会向访谈者或学生流露这种感情。笔者认为，这正是真正学者的真诚。这里传达了她对"学术"的理解和对人生的思考。

人做学术，学术也在"做"人，人不能逃避被学术所"做"，被专业、技艺等所"做"，也就是说任何一种职业都在不同程度地塑造着从业者。在赵园看来，走上学术的道路，出于对学术的认真负责态度，一些必要的训练是必需的，诸如思维的以及写作的训练、写作"标准规格"论文的训练、处理各种研究课题的训练，同时还需要不厌其烦地修改、誊写。在日复一日的读写中，体验着被学术所制造出的生而不自由感。然而，她又不得不承认，这样的职业是适合她的，因为她喜欢这份职业所附带的个人性要求，她可以完全依赖书斋读书和思考。

陈平原对学术与人生也有类似的看法。在他看来，学术研究本来就是"寂寞的事业"。有人甘于寂寞，沉于学术的深处；有的不甘寂寞，放弃也未尝不是好的抉择。适合自己的往往是正确、愉悦的选择。人不是为了学问而活着，而是为了更好地活着而做学问。他曾这样说：

> 不再在学问与人生之间画等号，而只把学问作为一种职业工作，这样可以解决很多人内心深处学问与人生的矛盾。人生的意义和乐趣不只体现在这些学术论文上；追求的是成为有学问有情趣的"人"，而不是只会做学问的"机器"。这样一来，学问以外的兴趣，不只是一种调节精神的休息，而是人生中同样很有意义的部分。[1]

陈平原上段文字的言述，正是"学术只是生活的一部分"的另一种表达。

---

〔1〕 陈平原：《学者的人间情怀——跨世纪的文化选择》，生活·读书·新知三联书店2007年版，第16页。

（三）"学人角色自觉"的精神追求

"学人角色自觉"是陈平原在《学者的人间情怀》一文中提出的一个重要概念。在陈平原看来，"学人"代表的是选择"述学"的知识者。在这篇文章里，他认为选择"述学"的知识者首先是为学术而学术，其次是保持人间情怀，这其实是对学人角色的一个基本定位。

在这篇文章里，陈平原回顾了百年中国学术的发展历程，在这百余年里，学人的学术研究都处于一个复杂的环境里。从王国维、梁启超始，就不时有人呼吁"为学术而学术"，但纵观 20 世纪绝大部分中国学者，仍大多倾向于为学术外的原因而学术——"从晚清的改良政治、'五四'的思想启蒙，一直到 80 年代，意识形态争论始终是民族关注的重点，肩负重任的人文学者因此来不及蜕变成为真正意义上的'专家'，基本上保留传统士大夫的'抗议者'或'卫道者'姿态。"[1] 这不仅仅受制于启蒙与救亡的冲突，更深深植根于中国学术传统的惯常意识，形成了如下思维定式，即："除事功的'出世与入世'，道德的'器识与文章'，还有著述的'经世致用与雕虫小技'。作为学者，其著述倘若无关世用，连自己也于心不安。"[2] 这种政学不分的思维惯性，最终导致没有人愿意并且能够脱离实际、闭门读书。翻阅 20 世纪的述学文章，人们大多要么借学术谈政治，要么借学术发牢骚或曲学阿世，学术的独立性不复存在。政学不分，实是中国学术发展的大障碍，

---

〔1〕 夏中义、周兴华：《论陈平原的"学人角色自觉"》，载《华东师范大学学报（哲学社会科学版）》2005 年第 1 期。

〔2〕 陈平原：《学者的人间情怀——跨世纪的文化选择》，生活·读书·新知三联书店 2007 年版，第 22 页。

借学术谈政治的高论既不能改变政治局面，又给畅谈者造成心理的负担，同时也影响了学术的纯正性。王瑶在政治与学术之间的痛苦挣扎也证实了这一点。当然在陈平原的观点里，并不是说学者不应该有政治关怀，而是说学者对政治的关心，应该体现为一种人间情怀而不是社会责任，学者可以作为普通人凭良知和道德"表态"，而不应过分追求"发言"的姿态和效果。

现如今，钱理群和温儒敏已是北大中文系的退休老教授，在他们退休后的生活规划中，笔者依然能看到他们对学人角色的坚持。钱理群退休后，重回贵州，以一个学者的身份，关注边远山区和西部的基础教育；在南京期间，他到母校为中学生讲起鲁迅来。温儒敏把教学视为教师的首要职责，他退休后受聘到山东大学，进校后的第一件事就是给本科生上课。他们离不开自己的学生，三尺讲台在他们的视野里是人生的一个大舞台。在两位老教授的退休生活中，可以看到他们对学术的坚持、对教育的执着，这何尝不是一种对"学人"的自觉坚守！

第四节　王瑶独特教育智慧的启示

王瑶的教育智慧主要体现于他的游谈，因聊天氛围的自由开放和主题的灵活多样，其游谈被后学者及弟子们冠以"神聊"的名衔。"神聊"的表述既形象又富含诗意，其在教育中发挥的作用，于现今的教育体制而言仍有价值和意义。"神聊"般的游谈，为教师和学生以及教师与教师、学生与学生提供了一个面对面交流的平台，在真诚、平等、自由、开放的氛围中实现智慧与思想美丽的碰撞，参与者通过倾听、探讨进而引发自己的思考。王瑶侃侃而谈的学术魅力、人格魅力和精神魅力就散发在他对经史子集的"神聊"、对人生与学问的探讨中。王瑶的"神聊"永远地定格为历史上的一道美丽风景，笔者在对那种学术空气不胜向往的同时，深感现今的教育系统正需要这样一种学术氛围的回归。王瑶的独特教育智慧有它生成的一个时代背景和大的学术氛围，但是，就"神聊"般的游谈这种形式，其对当前的高校教育来说，仍然有存在的合理性。

一、游谈的功能优势

王瑶与学生的聊天，简单地说，就是师生之间面对面式的语言交流，他以通俗、幽默的语言为学生答疑解惑，启发学生的思考，开拓学生的学术视野。这种最基本、最容易进行的交流方式有其不可替代的功用。

首先，游谈这种育人方式加深师生情谊和同窗友谊。师生经常性的学术聊天，能加深对彼此的认知。这里既有对彼此学术上的了解，也有对彼此生活上的关注。在前文赵园的回忆里，提到过王瑶关心她的职称评定。同时，学生也对导师加深了解。在真诚温暖的氛围中，学生畅所欲言，倾吐心声，导师以其丰富的人生阅历，给学生以人生的指导，学生之间也加深了理解和同情。这种师生情谊和同窗友情是人生的重要财富。

其次，在游谈中扩展学生学术视野。游谈有别于课堂上的知识传授，它不设定明确的教学任务，清谈的内容常常是围绕一个主题或几个主题的发散状延伸。聊天过程中，师生针对某一个学术问题，畅所欲言并积极倾听他人的观点，继而去粗取精、去伪存真，提炼适合自己的信息。联合国教科文组织在

《教育——财富蕴藏其中》中宣告：通过对话和各自阐述自己的理由进行争论，这是 21 世纪教育需要的一种手段。因为思想从来不是一种自言自语，智慧的火花只有在撞击中才能迸发出来。彼此交流学术观点能克服个人思维着眼点的单一和偏狭。此外，王瑶与学生的聊天，有时也是不受主题限制的，事先没有预定的题目，因此，在谈话中，思维的发散性就比较大，这都有助于拓展学生的视野。

最后，"神聊"般的游谈，往往最能体现王瑶生活化、个性化的一面，这种融于生活的个性特色就表现为王瑶的个人魅力，这对学生有人格陶冶的功效。他的个性魅力，外化为他幽默风趣的语言，如他爱喝茶水，常常是口衔烟斗，故他说自己处于"水深火热"之中，还有他晚年面对学术工作力不从心之时所表现出的"与其坐以待毙，不如垂死挣扎"的态度。王瑶的这些表达不仅是他个人的生活写照，另一方面也激发了学生的奋斗精神。在和学生的聊天中，王瑶是真实的，他的真性情流露让学生感受到了王瑶的独特魅力，受到其深刻影响。

二、游谈氛围的创设

王瑶跟他学生的聊天，常常是暮色时分，茶几上清茶几盏，客厅内烟雾缭绕，王瑶坐在大沙发上，其他的同学围着茶几坐下来，彼此语言和眼神交流，谈到感兴趣的话题，王瑶会滔滔不绝起来，说到自己得意的地方，还会发出王瑶般的笑声，谈着谈着，经常忘记了时间。这种聊天场景和其间轻松愉悦的氛围，正是现在的教育中所缺乏的。陈平原曾组织北大中文系的教师举行过几次学术聊天的小聚会，他把每期的教师聚会称为"博雅清谈"。博雅清谈首次举办于 2008 年 10 月 30

号，活动举办的目的，用陈平原的话说，"只希望创造一个相对宽松的学术环境，让同事有兴趣、有心情坐下来，不计功利地畅谈学问、探索真理——既超越柴米油盐，也超越论文和课题。"所谓"宽松的学术环境"就是指与会的教授可以品着清茶，就自己感兴趣的话题发表观点，或与其他的老师互动讨论。

　　谈话氛围无不影响着每个谈话者的心情和言语表达。重温那时别样的聊天气氛，不禁深受启发，融洽的学术聊天氛围需要聊天的参与者们共同创设。首先，师生之间应该有彼此的信任和尊重。"信任"是彼此能够敞开心扉，各抒己见的前提，"尊重"是指在探讨过程中，能够有求同存异、宽容和理解他人的观点的态度。对老师来说，学生的生活阅历还不够丰富，学术也仅仅处于摸索的阶段，有时的观点易于偏激、狭隘，导师的理解和宽容以及积极引导是鼓励学生不断进步的关键。其次，学术聊天过程中，语言的风格对气氛的渲染有着很大意义。苏联教育家斯维特洛夫曾说过："教育最重要的也是第一位助手，就是幽默。"幽默的语言能适时地调动倾听者的情绪，激发兴趣。用通俗的语言概括艰深的理论，既形象又活跃氛围。

三、游谈内容的把握

　　王瑶与学生的聊天，在学生的回忆里没有发现有关具体聊天内容的记录。可能正如陈平原所说的"经史子集的'神聊'，谈学问中的人生，谈人生中的学问"，钱理群所谓的"眼观政治风云，纵论天下大事"，抑或是赵园最为欣赏的王瑶先生对人物的品藻、对学术前景的展望，比起记忆中的具体聊天内容，这些给学生的影响更大。由此，在今天的教育中，要充分发挥游谈的育人功能，不仅要创设平等、自由、开放的学术氛围，还需要考虑内容的涉及面。笔者认为，游谈意在培养学生的学术兴趣、拓展学术视野，融洽师生关系，因此对游谈内容的设定，就应兼备以下几个特点：

第一，游谈内容要具备知识性。师者，传道、授业、解惑也。无论在什么时候，知识的传授都是教师最基本的使命。学生汲取知识的途径众多，学术聊天是其中之一。在这个过程中，知识的形态是分散、不系统的，学生需要在倾听过程中加以筛选，并重新组合接受。从聊天的语言方式讲，通俗的语言表达有助于学生对知识的理解和消化。因此要使聊天内容具备一定的知识性。

第二，游谈内容要具有生活性。师生之间谈及与生活最贴近的话题，有助于聊天氛围的温馨、融洽，对彼此生活现状的了解能够加深师生之间的情谊，帮助老师综合全面地了解学生，从而老师可以在生活和学习上给予学生更多的关怀与支持。生活细节彰显人格魅力，正是在普通与平淡的生活面前，才能展现人的最初本性，往往是生活中最为平凡的力量才最打动人、影响人。

第三，游谈内容要具有现实性。我们生活在一个信息便捷的社会，各种新闻、奇异现象令人应接不暇。这个有着多元价值观的社会对每个人都充满着机会和挑战。在师生的学术聊天里，适当地增添一些对社会现实的关注与讨论，有助于澄清学生的价值观，坚定其信念。对正徘徊在"象牙塔"（学校）和"十字路口"（社会）的学生来说，其对社会现实的认知还处于不够成熟的阶段。师生之间的一些对社会现实方面的交流和探讨，有助于完善学生的认知，增强学生的现实感和责任感。

　　"神聊"式的游谈是师生交流沟通的一种主要途径，游谈的内容可以丰富多彩，但归根结底，始终不脱离知识性、生活性和现实性三个导向。游谈作为一种有效的育人方式，其教育价值的最终实现不仅需要师生的共同努力，还有待教育政策以及各项制度的合力支持。

第四章
朱德熙的生命境界与教育智慧

第一节 朱德熙的成长历程

一、家庭濡染，自幼好学

朱德熙于 1920 年阴历十月二十四日（12 月 3 日）出生在吉林省长春市的盐务官家庭之中，其生活相对富裕。他的父亲朱伯谌上学时主修财经，但是中文和英文的水平也十分了得，后任职于南京财政部盐务稽核所，与国外盐商交往甚多。母亲彭楚秀曾就读于天津直隶第一女子师范学校，故其母有文化有教养，思想较为开明。因此，朱德熙早期受到了良好的家庭教育。父亲主要教朱德熙背诵唐诗宋词，母亲通过制作方块字教朱德熙识字。此外，朱德熙每天还要练习毛笔字。6 岁的朱德熙原本已到小学报名，领回学校发的两本书，但是同院四叔认为国文书的内容质量不佳，便亲自教朱德熙学习文言古书。朱德熙从小便在家人的督导下广泛阅读，陶冶于中国传统文化之中，这也是他日后钟爱于中国文化的原因之一。

受安土重迁意识的影响，中国人自古就不愿离开家乡。与之不同的是，朱德熙的父母在当时受到新思想的影响，他们外出就会带上子女，因此朱德熙在幼年时曾跟随父母辗转多地。带孩子外出，孩子便能够接触到新的人、新的事物以及新的环境，同时可以开阔视野，提高认知，获得新的体验。1929 年朱伯谌到山西出差，朱德熙就到那里上学。后来他家不断增添人口，便雇用了一位厨师。这位厨师上过学，既爱买书，又爱读书。朱德熙无意间发现厨师住处有书，便翻阅了一番，之后他一放学便到厨师的房间去读书。于是，他利用两个学期的业余时间将四大名著全部阅读完毕，也因此养成了业余读书的习惯。酷爱读书的他课后翻阅了父亲自留的一套历史读物——《历朝通俗演义》，此书有二十余本。他还常到家附近的书店去读书，有时也让弟弟帮他借书。"一二·九"运动过后，他开始主动接触新思想、新文化，阅读进步书籍，如国内的书刊：《狂人日记》《新生》《灭亡》《家》《春》《秋》等；国外的书刊：《大众哲学》《表》《面包》《士敏土》《西行漫记》等。他不仅自己主动接受新思想的启蒙，而且还向他的兄弟姐妹普及进步思想。

朱德熙的父母为他营造了良好的家庭氛围，使得他能够接触到各类文化知识。他自小养成的阅读习惯，开阔了他的视野，提高了他的认知。这些为他日后的学习和研究奠定了基础，使得他在教学中各种语言事例信手拈来，同时促使他鼓励学生广泛读书，合理处理基础知识与专业知识的关系。

二、昆明读书，如沐春风

1935 年北京爆发了"一二·九"运动，后迅速波及上海，学生们积极响应，朱德熙也投身抗日救亡的宣传活动之中，于是他被特务盯梢。为了避免给家人带来麻烦，朱德熙选择离开故土，远赴千里之外的西南联大求学。西南联大是国立西南联合大学的简称，它由北京大学、清华大学、南开大学三所学校于战争时期联合创办。尽管三校各具特色，但是它们之间也存在共性，"共同之处就在于都有学术空气，都有学术上的民主作风"[1]。西南联大名师汇集，教师各有所长，达到了百家争鸣、百花齐放的境界。为了培养通才，西南联大的规定是"名师主讲基础课，年轻教师开设选修课"[2]，对于"三校原来各自开设的同一门课程，在联大可以同时讲授，学生可以自由选择"[3]。这些无疑为学术自由和学术民主创造了有利条件。

1939年朱德熙考入西南联大物理系，他跟随的老师是著名物理学家王竹溪。王竹溪不仅是一位伟大的物理学家，还是一位通人。他通晓多种语言，文理兼长，博学多才，融会贯通。王竹溪对中国语言文学有着特殊的喜好，他历时四十载以一己之力编纂成《新部首大字典》。苏渊雷这样评价该字典："此一巨典，兼有《说文解字》《康熙字典》以来汉字之总量，而去其繁冗……余意若以'应有尽有，应无尽无'八字谥之，殆不为过。"[4] 可见该字典分量之重以及王竹溪在文学方面造诣之深。在这种博闻强识、学富五车的教师的带领下，朱德

---

〔1〕 北京大学校刊编辑部：《精神的魅力》，北京大学出版社1988年版，第74页。

〔2〕 赵锋：《民国教育》，山西教育出版社2015年版，第323页。

〔3〕 赵锋：《民国教育》，山西教育出版社2015年版，第323页。

〔4〕 王竹溪编纂：《新部首大字典》，上海翻译出版公司、电子工业出版社1988年版，序。

熙自然受益匪浅。他们师生志趣相投，不仅讨论物理学，还常常谈论文史，相谈甚欢。朱德熙在入学的第二年转入中文系，开始"研究古文字学和现代汉语，也和王先生的榜样有关"[1]。

西南联大秉持学术自由的理念，不规定教师的授课内容，考试没有标准答案，学生可以自由选择课程，因为在课堂上老师不会点名，上不上课没有人监管，学生也可以根据自身的兴趣，改学其他学科。在西南联大宽松自由的环境中，朱德熙有属于自己的时间去学习，当时他把西南联大各系的课全部听遍了。当他"听到唐兰先生的古文字学、甲骨学课时，不禁产生浓厚兴趣，就不惜花双倍的时间，边读物理系专业，边旁听唐先生的课"[2]。就这样，朱德熙被唐兰的课深深吸引，并于1940年9月转入中文系，师从唐兰。

唐兰，字立厂，时任西南联大教授。他涉猎领域广泛，在古文字学、甲骨学、古代文献等方面均建树颇丰。从朱德熙纪念唐兰的文章中可以窥知，唐兰的课尽管不是最叫座的，不那么"热闹"，"但是在学生里'威信'很高。有的同学凡是先生开的课一律都听"[3]，朱德熙便是其中的一个，只要是唐兰的课朱德熙就会去听。唐兰上课不带讲稿，多是即兴发挥，讲的内容也是他自己对书本的见解。不难看出，唐兰的学术水平高超，他的教学风格颇受学生喜爱。究其原因是他博览群

〔1〕　李赋宁:《怀念一位已故社友——王竹溪先生》，载 http：//www.bj93.gov.cn/jsrw/ljld/201302/t20130221_215062.htm。

〔2〕　何孔敬:《长相思——朱德熙其人》，中华书局 2007 年版，第 28页。

〔3〕　中华书局编辑部:《古文字研究》（第 2 辑），中华书局 1981 年版，第 4 页。

书，思想开明，不墨守成规，积极学习新的文化。而且他五十多岁还自学俄语，在教学、科研和生活中时刻体现着永不停歇、勇于创新的精神。朱德熙受业于唐兰门下，这段求学经历为他日后的研究和教学奠定了基础，因为他曾说"立厂先生是我治古文字学的启蒙老师"[1]。他从唐兰处学到了诸多关于古文字方面的知识，积累了丰厚的学术素养，古文字学也一直是他钟爱的学科。朱德熙在教学中常将自己对教学内容的理解拿来与学生分享，勉励学生不断学习，拓展知识面，这其中就蕴含着唐兰的言传身教。

转入中文系后，朱德熙逐渐认识了中文系的其他教师，如王力。王力上课时将自己编写的《中国现代语法》分发给每位同学，这本书从着手到成稿只用了一年多的时间，足见王力用功之勤。《中国现代语法》的稿费在当时并不高，甚至抵不上"从龙头村（王先生的家在那儿）进城到商务印书馆取这部书的"[2]车费，但是王力并不看重这些，正如朱德熙所说"在学术上做出了成绩的人，大都有点童心，有点傻劲"[3]。王力不重功利，在学术领域默默付出，他的这种精神一直是朱德熙学习的目标。朱德熙曾这样说："王先生治学态度严谨。知人论世，平和通达。严以律己，宽以待人。在学术上没有门户之见。即使对于不公正的批评甚至讥讪和攻击，也从来不说意气用事的话。这些都是非常值得我们学习的。"[4]

---

〔1〕 中华书局编辑部：《古文字研究》（第2辑），中华书局1981年版，第4页。
〔2〕 朱德熙：《悼念王力师》，载《语文研究》1986年第3期。
〔3〕 朱德熙：《悼念王力师》，载《语文研究》1986年第3期。
〔4〕 朱德熙：《悼念王力师》，载《语文研究》1986年第3期。

西南联大对朱德熙来讲意义非凡，因为朱德熙说过"最值得怀念的大学生生活是在那里度过的，我们的人生观、道德观是在那里形成的，我们的学术生涯是在那里开始的。很多人的爱人是在那里遇见的，最好的朋友是在那里结识的"[1]。在西南联大中文系学习期间，朱德熙"受到罗常培、唐兰、陈梦家等教授的教导和赏识，学问突飞猛进，一日千里"[2]。沈从文、邵循正、吴征镒也都曾给予朱德熙莫大的关怀，闻一多在自身处境危险之时，还心系朱德熙，关心朱德熙毕业的工作问题。在西南联大，朱德熙不仅有良师相助，还有益友相伴，汪曾祺、李荣、王瑶、朱南铣、徐孝通等都是他的好友。朱德熙同汪曾祺、李荣是同班同学，他们之间关系密切。汪曾祺和朱德熙都爱好昆曲，喜吹笛子。他们常泡茶馆，志趣相投，互相欣赏对方，尊重对方。在朋友危难之际，他们鼎力相助。朱南铣、徐孝通是原清华大学哲学系的研究生，受到他们的影响和启发，朱德熙"决定转入中文系，开始研究古文字和古音韵"[3]。西南联大的师生情是朱德熙一生宝贵的财富。

三、北平执教，风雨兼程

经闻一多的介绍和争取，朱德熙得到在清华大学中文系当助教的机会，于是他在1946年离开昆明北上。到达北平，他

〔1〕《王瑶先生纪念集》编辑小组编：《王瑶先生纪念集》，天津人民出版社1990年版，第13页。

〔2〕《朱德熙先生纪念文集》编辑小组编：《朱德熙先生纪念文集》，语文出版社1993年版，第40页。

〔3〕《朱德熙先生纪念文集》编辑小组编：《朱德熙先生纪念文集》，语文出版社1993年版，第40页。

和家人住进了清华大学新西院 47 号乙，家中的常客有马汉麟和王瑶。他们几人是老同学又同在中文系工作，所以经常在朱德熙的家中相聚。马汉麟一般在上午的时候去朱德熙的家，"他的专业是古汉语，和德熙讨论语法上的问题。谈一小时左右，就回家工作"[1]。王瑶一般是中午的时候到朱德熙的家中，"他谈的可说是五花八门，什么都有，考虑问题深远"[2]。在清华的六年中，朱德熙时不时就在家中和友人、学生进行讨论。

朱德熙进入清华大学中文系刚开始从事的是古文字教学，"1948 年，应教学需要，又给大一学生开课，讲语法修辞，如何写文章。新开的课很受欢迎，并不断发表相关文章"[3]。1949 年，一位教美国留学生汉语的教师要离开清华，因此朱德熙开始接管这份差事。应两位留学生的要求，朱德熙采用交谈的方式进行教学。这两位留学生很喜欢朱德熙的教学，他们"就此结下亲密的师生关系，成了好朋友"[4]。在"文化大革命"时期，两位留学生还专门到中国看望老师朱德熙。

1949 年后，当时的社会在语言文字的使用方面比较混乱，"一些干部文化水平不高，缺乏语法知识，写出来的文件报告，语句不通，辞不达意，造成许多误解，耽误工作"[5]。为纠正上述问题，上级委派清华大学中文系编写一本通俗的语法书，经过一番研讨，这项重任落到了吕叔湘身上。吕叔湘需要有人同他合作，于是就在清华大学中文系的教员中进行挑

〔1〕 何孔敬：《长相思——朱德熙其人》，中华书局 2007 年版，第 93 页。
〔2〕 何孔敬：《长相思——朱德熙其人》，中华书局 2007 年版，第 93 页。
〔3〕 何孔敬：《长相思——朱德熙其人》，中华书局 2007 年版，第 100 页。
〔4〕 何孔敬：《长相思——朱德熙其人》，中华书局 2007 年版，第 101 页。
〔5〕 何孔敬：《长相思——朱德熙其人》，中华书局 2007 年版，第 107 页。

选，最终选派朱德熙和他共同完成编写任务。因任务紧要，朱德熙"原来担任的两门课减少一门"[1]，集中精力同吕叔湘搜集资料、编写书籍。"为赶任务，德熙和吕先生白天黑夜地干。德熙写好一段，立即送到吕先生家里审改。由于两人都很认真，不分彼此，配合默契，十分协调，合作非常愉快。"[2]于是这篇对中国语言学产生深远影响的《语法修辞讲话》"从准备材料到完稿一共用了大约半年时间"[3]，就在《人民日报》上刊登了。《语法修辞讲话》从 1951 年 6 月 6 日开始连载，后出版单行本，引发了现代汉语修辞学习热，两位编纂人员也常被人请去作报告或演讲，文学史专家王瑶对此书的评价也很高。20 世纪 50 年代的朱德熙一边研究古文字，一边研究语法修辞，还要到校外讲课，名气不小，当时清华大学的学生都说朱德熙把语法课讲活了。

　　1952 年由于院系调整，朱德熙被调到北京大学中文系任教。"大跃进"时期，全民炼钢，学校也一样，所以朱德熙除了讲课就是在学校里炼铁，甚至将家里的铁锅铁勺拿去炼钢炼铁。从 1956 年开始，朱德熙教授专业的现代汉语语法课，并依据实际建立起自己的语法体系。他在课堂教学中注重教学的方式方法，结合语言事实细致分析各种语法，学生非常喜爱朱德熙的课。除了教学，朱德熙还进行学术研究，发表了一系列

---

　　〔1〕　李行健、陈大庆、吕桂申编：《吕叔湘论语文教育》，河南教育出版社 1995 年版，第 463 页。

　　〔2〕　何孔敬：《长相思——朱德熙其人》，中华书局 2007 年版，第 108 页。

　　〔3〕　李行健、陈大庆、吕桂申编：《吕叔湘论语文教育》，河南教育出版社 1995 年版，第 464 页。

文章，如《洛阳金村出土方壶之校量》《现代汉语形容词研究》《定语和状语》《说"差一点儿"》《说"的"》等。直到 1964 年，朱德熙到湖北江陵参加"四清运动"，他才不得已离开讲坛。然而，在江陵农村的朱德熙依然坚持以科学为主，实事求是，乐观面对困难。朱德熙不仅课讲得好，而且他积极为当地农民讲解政策、做宣讲，用通俗的语言为群众解答疑惑。大家都觉得朱德熙平易近人，和善可亲。运动结束后，朱德熙从江陵回到北京继续教书。

一波未平一波又起，1966 年朱德熙像往常一样骑自行车去上班，不料红卫兵竟将朱德熙的自行车扣下来，也就是从那天起"文化大革命"向北大袭来。当时的学者、专家们都被列为"牛鬼蛇神"，关进牛棚，朱德熙也不例外。这些人会被拉出来游街，还要挨打。王力当时上了年纪，行动缓慢，有次游街被打倒在地，眼镜也被打掉了。朱德熙不顾自身安危，急忙将老师扶起来并找到眼镜给老师戴上。特殊时期，朱德熙还不忘看望前辈游国恩等。可见，不论什么时候朱德熙都尊师敬师。

后期"工宣队、军宣队进校为知识分子平反"[1]，朱德熙自由了。到了 20 世纪 80 年代，大地回春，百废俱兴，学术也日渐回归正轨。朱德熙迅速投入古文字研究领域和语法研究领域，积极参加中国语言学会召开的语法讨论会，为培养青年教师而努力。在教育事业方面他精益求精，关爱学生，奖掖后进。同时朱德熙先后担任"北京大学中文系副主任，北京大学计算语言学研究所所长，北京大学副校长兼研究生院院长，

---

〔1〕 何孔敬：《长相思——朱德熙其人》，中华书局 2007 年版，第 143 页。

中国语言学会副会长、会长，世界汉语教学学会会长，中国古
文字研究会理事，国务院学位委员会委员，国家语言文字工作
委员会委员，国务院古籍整理出版规划小组顾问，中国大百科
全书总编辑委员会委员，第五、六届中国民主同盟中央委员会
常务委员会委员，第六、七届全国人民代表大会代表"〔1〕等
职。无论什么时期、无论在哪个工作岗位，他都勤勤恳恳，为
祖国的事业奉献自身。

四、国外讲学，何日赋归

保加利亚是第二个承认中华人民共和国的国家。自 1952
年起，新中国开始在海外设立对外汉语教学点，"保加利亚是
新中国成立后向国外派遣汉语教师的首批四个汉语教学点之
一"〔2〕。1952 年应国家教育部要求，朱德熙前往保加利亚任
教，此行为期三年有余。朱德熙去保加利亚前，保加利亚没有
汉语教学点，也没有汉语办学的基础。经朱德熙与张苏芬的共
同合作与不懈努力，他们于 1953 年初"在保加利亚最著名的
高等学府——国立索非亚'圣·克利门特·奥赫里德斯基'
大学（Sofia University of St. Kliment Ohridski，以下简称'索非
亚大学'）建立起了保加利亚第一个汉语教学点"〔3〕，这一
举措具有重要的历史意义。当时保加利亚没有现成的汉语教材

〔1〕《朱德熙先生纪念文集》编辑小组编：《朱德熙先生纪念文集》，语
文出版社 1993 年版，第 1 页。
〔2〕 张西平、柳若梅编：《国际汉语教育史研究》，商务印书馆 2014 年
版，第 364 页。
〔3〕 张西平、柳若梅编：《国际汉语教育史研究》，商务印书馆 2014 年
版，第 364 页。

和相应的参考资料，国内的对外汉语教学事业也处于刚起步阶段，没有可以拿来借鉴的对外汉语教学用书和对外汉语教学经验。朱德熙和张荪芬凭借自身的能力和在当地的教学实践及探索，编写出一部汉语教材即《汉语教科书》。这本教材结合了中国和保加利亚两国的文化及生活习俗等，且具有一定的实用性。它自 1954 年在保加利亚出版后，一直被索非亚大学汉语讲习班沿用到 1991 年索非亚大学汉语言文学专业设置之时，因而它的历史地位不容小觑，值得人们关注。除了需要编写汉语教材外，朱德熙还要着手教学。他在保加利亚三年多的时间里，共教授了五批汉语讲习班的学生。他讲课以激发学生兴趣为主，深受学生的喜爱。回国后，他积极支持对外汉语教学的工作，参与对外汉语教学的活动，重视对外汉语教学的学科建设，为对外汉语教学提出指导意见。

因学术成果突出、语言学论著精深，朱德熙在海内外均享有盛誉。他曾先后赴法国、泰国、香港、新加坡、澳大利亚等国家和地区讲学、参加国际交流会议等。1979 年他应美国斯坦福大学之邀到亚语系进行为期四个月的讲学。1986 年朱德熙获得法国巴黎第七大学荣誉博士学位。1989 年美国西雅图华盛顿大学邀请朱德熙到华盛顿大学做课题研究，研究结束后朱德熙又应斯坦福大学亚洲语言文学系之邀，进行访问和讲学。朱德熙当时主要讲"现代汉语"和"中国语言学"，他的课深受学生欢迎，有的学生课下还会到朱德熙的家里请教问题。1990 年，朱德熙还在美国讲学，正赶上搬家，身体疲倦，这时国内"有关部门要求他回国主持第三届国际汉语教学讨论会，他不顾自己的身体劳累，匆匆回国，圆满完成了主持会议的任务，然后又匆匆赶回美国任教"[1]。他虽身在异国他乡，却依旧牵挂祖国。在国外，他和国内前往美国的教师交谈时，始终关心国内语言学事业的进展情况，关心北京大学中文系的发展和人才的培养状况。在美期间，癌魔突然袭击了朱德熙。生病期间，他仍然为对外汉语教学工作的开展和如何扩大中国文化的影响出谋划策。

朱德熙心怀祖国，积极推动汉语走向世界。在美期间他表示待病情好转就启程回国，无奈病魔无情，他想要回归故土的心愿未能实现，但他那颗热爱祖国、热爱教育事业的赤子之心却一直闪现在人民心中。他执教讲坛多年，无私奉献，为祖国培育出一批又一批的高质量人才。他的一生可谓光荣而有意义。

第二节　朱德熙教育智慧的基石

朱德熙一向以祖国的事业为己任，始终奋斗在教育领域，并不断开辟新的研究道路。他为人谦和，关怀后辈；不计名利得失，安贫乐道；同时又以身作则，严格要求自己。他的人生境界和人格魅力于无形之中影响着他的教学。他深入教学几十年，依靠自身渊博的知识、开阔的视野和敏锐的洞察力等，为后来者指点迷津。

一、人格高于一切

叔本华曾说过，"我们生命快乐的最重要的基本因素是我

〔1〕《朱德熙先生纪念文集》编辑小组编：《朱德熙先生纪念文集》，语文出版社1993年版，第7页。

们的人格，如果没有其他原因的话，人格是在任何环境中活动的一个不变因素。"[1] 可见人格具有稳定性，健全的人格在个体的全面发展过程中具有导向性作用，影响着人的行为。朱德熙一生最看重的也是人格，他"把尊重人格看得高于一切"[2]。

（一）以大局为重，心系祖国

朱德熙和吕叔湘合著的《语法修辞讲话》于 1951 年开始在《人民日报》上连载，后由开明书店出版单行本。之后，他们二人得到了一笔稿费。不过，当时正值 20 世纪 50 年代抗美援朝时期，中国人民志愿军赴朝鲜作战，全国人民鼎力支持志愿军。中华民族儿女在战争时期，将祖国和人民的利益放在首位，展现了其为祖国英勇奋战的爱国精神。朱德熙虽未亲赴战场，但是他依旧尽己所能，以国家利益为重。他和吕叔湘将绝大部分的稿费捐献给了国家，"前后一共捐了九万元（合后来的人民币）"[3]，这些钱后来用于购买飞机大炮之类的器械。由于稿费是分批次发的，最后一批版税发下来的时候，已经停战，所以无法捐款。《语法修辞讲话》的稿费确实很多，以致某些人对朱德熙存在误解，也有人给朱德熙寄匿名信，称朱德熙是贪财之徒。朱德熙则说："这回我又遇着个没有人格的人。"[4] 朱德熙并不贪图个人利益，他在国家危难之际竭

---

〔1〕 车文博总主编：《中外心理学比较思想史》（第 1 卷），上海教育出版社 2008 年版，第 499 页。

〔2〕 何孔敬：《长相思——朱德熙其人》，中华书局 2007 年版，第 25 页。

〔3〕 李行健、陈大庆、吕桂申编：《吕叔湘论语文教育》，河南教育出版社 1995 年版，第 464 页。

〔4〕 何孔敬：《长相思——朱德熙其人》，中华书局 2007 年版，第 109 页。

尽所能鼎力支持，因而当时他将赚取的稿费捐献给了国家。而他之所以能在国家需要的时候，克服困难，慷慨奉献，全力支持国家，主要是因为他有着高尚的人格和一颗炽热的爱国心。

到了晚年，朱德熙赴美国讲学，出发前他也不忘嘱托林焘代他做好《世界汉语教学》的主编工作。在国外进行学术交流和研究工作的他不曾忘却祖国，在写给友人的信中，他"始终关心语言学事业如何吸收西方最新的理论向前发展，关心语言学如何进一步同自然科学最新技术相沟通，推动有民族特点的计算机语言学科的建立与完善，他还特别关心如何创办北京大学中国语言学系"[1]。在外讲学期间，为维护祖国的荣誉，他克服困难，回国主持国际汉语教学讨论会议，这次大会在他的关心和主持下圆满举行。1991年下半年，朱德熙被诊断为癌症晚期。年底恰逢中国语言学会第六届年会，朱德熙虽然没能参加会议，但是他专门寄回书面发言。他将自己多年来在研究"的"字过程中发现的问题进行了叙述，将自己在研究中取得的经验向参会者娓娓道来，并提醒语言学工作者密切关注方言语法研究、历史语法研究和标准语语法研究之间的关系。他关心祖国语言事业的发展，希望自己的研究和建议能对国人有所帮助。朱德熙虽身在国外，却心系国内。就如汪曾祺写给朱德熙的那首诗，"梦中喝得长江水，老去犹为孺子牛。"[2] 朱德熙没有一日不渴望回国，尽管他一再安排回国的行程，可终究这个愿望没能实现。

---

〔1〕《朱德熙先生纪念文集》编辑小组编：《朱德熙先生纪念文集》，语文出版社1993年版，第8页。

〔2〕何孔敬：《长相思——朱德熙其人》，中华书局2007年版，第197页。

（二）潜心学术，淡泊名利

朱德熙能够一直站在语言学的前沿，讲课深受学生的欢迎，这与他潜心学术分不开。他既有才华，又笃学不倦。据朱德熙的孩子回忆，朱德熙每日在书房工作到很晚，早晨又早早地坐在书桌旁，好像他从来不休息似的。不论最热的三伏天，还是最冷的三九天，朱德熙都埋首伏案，工作至深夜。他是这样勤奋工作，以至于衣袖常被磨出一个个小洞。专注于学术的他，对待文章亦精益求精。朱德熙写文章都要字斟句酌，如他的妻子所言，他的文章就像一刀一刀刻出来的，每写文章就似难产，连朱德熙也赞同这种说法。朱德熙的文章严谨、富有逻辑，这显然是他全心投入、专心论证的结果。因其沉潜教学和科研，故论著颇丰，而且他的诸多创见在国内外学术界也产生了深远的影响。

"真正潜心学术的人是要把生命放进去的"[1]，这是朱德熙在《北大的校风与学风》中表达的一句肺腑之辞，也是他自身潜心学术达到的高度。朱德熙专心学术，不为外事所累，从未停止过对学术问题的思索。每当他有所得便与朋友、学生分享，有时问题未能得到解决他还会与别人互相讨论。如朱德熙与郭锐就常常在书房和汽车里讨论问题。潜心学术的精神贯穿了他的一生，病重时期他还嘱托学生"查找唐宋文献材料里状态词尾的使用情况，准备写文章时用"[2]。在生命的最后几个月，他依然会就学术问题与人讨论至凌晨，有时甚至通

---

〔1〕 北京大学校刊编辑部：《精神的魅力》，北京大学出版社1988年版，第75页。
〔2〕《朱德熙先生纪念文集》编辑小组编：《朱德熙先生纪念文集》，语文出版社1993年版，第307页。

宵达旦。朱德熙在学术方面孜孜不倦，他将学术与生命相融合，真正做到了将"生命放进去"。"真正潜心学术的人是要把生命放进去的"，是他自身钻研学问、执着学术的真实写照。

潜心学术的他始终以一颗童心做学问，不求功名利禄。读书时期，他的生活虽清苦，但手不释卷，内心丰盈。"文革"时期，作为教师的他自然受了不少苦。尽管从事学术研究具有一定的风险，写了论文不一定能发表，但他不求名利，没有放弃对战国文字的研究。对他来说，能从事学术研究和写作就已经很满足了。工作期间，他除了教学还兼任一些社会行政职务，往来的人员很多，事务繁忙，不过他仍坚持从事学术研究活动。他身体劳累，但内心享受，只要从事学术和教学工作，他就感到无比的享受。他不仅自己治学超功利，而且还教导学生做学问不计名利。马庆株在《朱德熙先生纪念文集》中曾提及朱德熙对他的一些教诲。当编辑部约稿时，"编辑有编辑部的标准，你还要有自己的标准。写文章写书时决不能有商业上的考虑（拿稿酬），不要追求一时的热闹"[1]。朱德熙以身垂范，淡泊名利，为后学树立了良好的榜样。

（三）心胸宽广，平易近人

朱德熙为人宽厚、待人随和，学生从未见他发过脾气。1987 年，詹开第因申请美国伯克利加州大学的访问学者，需要请朱德熙为他写推荐信。于是朱德熙写好推荐信让詹开第拿去打印，结果詹开第将 ZhuDexi 误打成了 ZhuTexi。詹开第没

〔1〕《朱德熙先生纪念文集》编辑小组编：《朱德熙先生纪念文集》，语文出版社 1993 年版，第 169 页。

有发现错误直接把信交给了老师，到了晚上他才意识到自己竟将老师的名字拼写错误。詹开第深感内疚，第二天清晨急忙坐早班车赶到朱德熙的家。从詹开第走进朱德熙的家门到他离开，朱德熙都未表现出任何愤怒，而是一如既往地和颜悦色，为学生签字，并赠送学生一个大信封以免信纸有折痕，影响整体的美观。试想如果学生将老师的名字写错，大多数人的内心都会很不舒服，有的人甚至会心存芥蒂，朱德熙则不然。他宽怀大度，能理解学生不是有意为之。而且他不计较这类细枝末节的事情，反而对学生倍加关怀，不让学生因这些琐碎小事而徒增烦恼。朱德熙心胸宽广、气度非凡，用实际行动感染着他的学生。

对于学术问题，朱德熙广泛吸收有益经验，包容不同的观点。如，朱德熙的《"在黑板上写字"及相关句式》就一些句法的歧义现象作了细致分析和探究，并得出了属于自己的结论。邵敬敏阅读该文后，深受启发。他通过搜集相关实例，发现了新的句式，因此针对《"在黑板上写字"及相关句式》写下了《关于"在黑板上写字"句式分化和变换的若干问题》，发表在《语言教学与研究》上。这篇论文发表前，杂志社曾向朱德熙征求意见。朱德熙当即表示不同的意见可以相互讨论，他翻阅该文后同意发表。后来朱德熙对邵敬敏说，其实没有必要把论文拿给他看。作为知名语言学家的朱德熙，当面对在读研究生的论文而且论文观点与其本人观点不一致时，没有展示出半点狭隘之心，反而对后辈寄予了厚望。他期望大家能各抒己见，共同探求真理。朱德熙站在科学的立场，以客观的态度审视并接纳与其见解不同的文章，不断提携后辈，足见他宽博的胸襟。

生活中的朱德熙和蔼可亲，没有所谓的"架子"。在西南联大上学时，朱德熙任何孔先的家庭教师。与之前只会教四书的古板先生不同，朱德熙给何孔先讲授的科目是语文和算术。朱德熙不仅脾气好，而且在晚上还会给何孔先讲《西游记》《双城记》《老残游记》等一些引人入胜的故事和小说。有时，何孔先还会缠着朱德熙，让朱德熙陪他们一群孩子到湖里游泳，看别人捕鱼，朱德熙总是和颜悦色地答应。何孔先将自己视为朱德熙的弟弟，因为他觉得朱德熙不像之前的先生高高在上。朱德熙虽身为教师，但对待学生的态度却温和有加，和学生感情融洽。即使朱德熙成名后，他仍旧保持着平易近人的作风。一次朱德熙外出讲学，当地的学生邀请朱德熙到家中做客。学生因事务繁忙，于匆忙中准备了一顿午饭，饭桌上除了一只鸡，其余就是几碟青菜。在学生看来有点简陋，但朱德熙却吃得有滋有味，饭后他还不忘鼓励学生。这些事虽小却反映出，朱德熙不论在学术方面还是在生活当中，始终以广博的胸怀包容不同的观点，以和蔼可亲的态度善待他人。

（四）兴趣广泛，尊师重友

勤学好问的朱德熙不仅精通文史和语言学方面的知识，而且对数学和自然科学有着浓厚的兴趣。他的动手能力很强，在小学的时候他就根据所学制作了一些小发明。他拆卸过家中的钟表，查看里面的构造；自己制作过会发声的火车头、土电话，安装过矿石收音机等。他除了喜爱科技发明，还喜听京剧。幼时朱德熙常随父亲听京剧和评弹，由于反复听唱片，他竟能有声有色地唱出《空城计》《锁麟囊》，此后他便迷恋上了京剧。大学以后，他被昆曲研究会吸引。该会成立于1942年，由西南联大、云南大学和中法大学共同组建。昆曲研究会的活动范围虽不大，却汇集了众多喜好昆曲的师生，其中就包括朱德熙。朱德熙当时还在读书，但已成为昆曲研究会的学生代表。在课堂中，当老师讲词曲时，他可以唱旦角和老师一起拍曲子。朱德熙自学生时代便迷恋上昆曲，闲时常闭眼哼曲，婚后还教会其妻唱曲。朱德熙唱的昆曲韵味十足，晚年后他最大的业余爱好就是与妻子合唱。

他不仅痴迷于中国的昆曲、京剧和民歌等，而且对西方的音乐也很喜欢。他喜欢听"贝多芬、柴可夫斯基的交响乐，莫扎特的'魔笛'"[1]。此外，他对绘画也颇感兴趣。"他喜欢八大山人朱耷的写意，齐白石的花鸟，张大千的山水，也喜欢梵高、高更、毕加索的作品。"[2]朱德熙对书法和美食亦具有较高的鉴赏力，他在与汪曾祺的通信中经常谈及菜肴的烹制。

因兴趣爱好及所学专业等的一致或相似，朱德熙在校期间结识了诸多志同道合的前辈和朋友。他对这些前辈和朋友极为尊重，也很珍视与他们之间的感情。每隔一段时间，朱德熙便前去拜望恩师。即使在"文革"这样的特殊时期，他也依然坚持。游国恩对朱德熙尊师敬师的精神和行为颇为赞赏，因为他深知这其中的压力。王力曾回忆道，在一次批斗大会上，朱德熙不顾自身安危将被打倒在地的他搀扶起来，跑出通道。朱德熙当时为了帮助老师，头被打破，鲜血不止。日后王力常向人提及此事，他说如果没有朱德熙，后果将不堪设想。特殊年

---

〔1〕《朱德熙先生纪念文集》编辑小组编：《朱德熙先生纪念文集》，语文出版社1993年版，第66页。

〔2〕《朱德熙先生纪念文集》编辑小组编：《朱德熙先生纪念文集》，语文出版社1993年版，第66页。

代，人们说话做事都需要谨慎，被关进牛棚的人更是禁止私自
攀谈，但朱德熙还是冒险关照后来被关进牛棚的林焘。在思想
改造时期，他是王瑶的"帮助小组"成员之一，需要对王瑶
进行"揭发"。朱德熙确实做到了知情则报，但他笃于友情，
揭露的事实非但不会中伤王瑶，反而令台下的人对王瑶的所作
所为心服口服。当老师和同学有需要的时候，朱德熙定会竭尽
全力帮助他们。从上述事件不难看出，朱德熙将尊师重友的精
神融入到了生活的点滴之中。无论身处什么样的时代和环境，
他都能做到敬师爱友，这是难能可贵的品质。

（五）严于律己，勇于创新

"德熙常说：教师是育人楷模，是君子。"[1] 他是这样说
的，也是这样做的。身为一名教师，他"对学生严，对自己
更严"[2]。他为学生批改文章，有时会当面对学生说"我也
没有改好，还得再继续推敲"[3]。朱德熙给学生批阅作业不
是应付了事，"继续推敲"就是最好的证明。他批改文章一向
求实，当遇到不清楚的问题时，定会仔细研究，待细致分析过
后，再将文章发给学生。这既是对学生负责，又是他对自我严
格要求的态度。在讲课时他也说过，写作不要宽容自己。每次
写作他都要经过反复修改，自己觉得满意了，才将文章拿出
来。朱德熙严格要求自己，以身作则，为学生留下了深刻的印

---

〔1〕 何孔敬：《长相思——朱德熙其人》，中华书局 2007 年版，第 155
页。
〔2〕《朱德熙先生纪念文集》编辑小组编：《朱德熙先生纪念文集》，语
文出版社 1993 年版，第 108 页。
〔3〕《朱德熙先生纪念文集》编辑小组编：《朱德熙先生纪念文集》，语
文出版社 1993 年版，第 108 页。

象。龚志聪曾在一篇文章中写到，有次听朱德熙讲课，竟见他
随身携带字典。朱德熙在"讲课的两个小时里，在讲到某些
字、词的用法时，他也几次查看了字典"[1]。对于一些字词
释义不太明白的时候，朱德熙便会翻阅字典进行求证。他说写
作也一样，不能将不懂的字词放进文章中，要选用恰当的词
汇，符合文章的内容。朱德熙随堂翻阅字典，写作用词严谨，
时刻严格要求自己，为学生日后习作和行事树立了严于律己的
榜样。

　　长期以来，朱德熙严于律己，坚持从实际出发，广泛吸收
国内外语言学的理论和方法，不断为学术研究开辟新的道路。
在汉语语法方面，朱德熙通过对汉语语法现象进行观察和分
析，提出了一系列富有创新的见解。汉语句法分析方法形成了
句子成分分析法、层次分析法、变换分析法、语义特征分析
法、配价分析法等多种方法。不过每种分析方法都存在一定的
局限性，就层次分析法来说，它无法揭示句子内部的语义结构
关系。在国内，朱德熙首次采用变换分析法揭示句子内部的隐
性语法关系，这种分析方法弥补了层次分析法的不足。在
《说"的"》中，他运用变换分析法对"的"进行了分类，
这一举动在学术界引起了广泛讨论。变换分析法虽然来源于国
外，但是朱德熙在汉语语法的基础上对其进行了改造，形成了
一套适合汉语语法研究的理论。变换分析法可以较好地分化歧
义句式，却无法阐释歧义句式形成的原因。于是在《与动词
"给"相关的句法问题》中，朱德熙率先尝试采用语义特征分

---

〔1〕　龚志聪：《不要宽容自己——朱德熙教授谈写作》，载《新闻知识》
1989 年第 4 期。

析法分化与动词"给"相关的句式。在《"在黑板上写字"及相关句式》中，朱德熙将变换分析法与语义特征分析法相结合，既分化了"在黑板上写字"等同形异义句式，又阐述了同形异义句式产生的原因。语义特征分析法是对变换分析法的发展。朱德熙在语法研究方面的创新为汉语语法的研究带来了重大的突破。

　　大学时期，朱德熙便跟从老师研究古文字，他曾发表过多篇与古文字考释相关的文章，其论证清晰、观点新颖，为古文字学的研究拓展了新思路。20 世纪 50 年代，他发表的系列文章《楚器研究》在研究水平上"明显超过以往对寿县李三孤堆铭文的考释"[1]，在学术界引发了广泛的关注。战国文字和其他朝代的文字相比，其字形与已知文字的字形几乎没有相似之处，这就为研究带来了困难。而在《寿县出土楚器铭文研究》中，朱德熙对"集"和"隹"的考释相当精彩。"隹"在战国文字中的写法较为奇怪，在长沙楚帛书中，该字曾多次被误释；在寿县楚器铭文中，许多学者无法分辨"集"和"隹"字。朱德熙经过细致地考究，重新对这两个字进行了释义，"他的意见很快就得到了普遍承认"[2]。他还提出了一些其他的好看法，"如把楚器铭文中的'王句'和古印的'夫句'读为'王后'和'太后'"[3]。此外，他还将"前人误

---

　　〔1〕《朱德熙先生纪念文集》编辑小组编：《朱德熙先生纪念文集》，语文出版社 1993 年版，第 28 页。

　　〔2〕《朱德熙先生纪念文集》编辑小组编：《朱德熙先生纪念文集》，语文出版社 1993 年版，第 321 页。

　　〔3〕《朱德熙先生纪念文集》编辑小组编：《朱德熙先生纪念文集》，语文出版社 1993 年版，第 321 页。

释为'燕'或'然'的字"〔1〕进行了改释。朱德熙的文章论证充分，具有很强的说服力，其中有诸多见解是对前人释义的纠正。

在《战国陶文和玺印文字中的"者"字》中，朱德熙通过引用金文和玺印，对田齐陶文中的一个常见字进行了改释。前人多将该字释为"向"或"尚"，如此，陶文并不通顺。朱德熙走前人未走之路，他几经论证将该字改释为"者"，后又将"者"字推及"都"字，"解决了悬疑已久的难题。这些结果都是此前无人想到的"〔2〕。朱德熙能够运用已有的知识对原有的误释进行改释，勇于提出与前人不同的观点，而且他的论证能够经得起推敲。可见，朱德熙严格要求自己。他在学术上从来都不是对前人研究的复写，而是对前人研究的逐步发展，对一些不合理之处进行重新整理，从而提出新的观点。他的严于律己、勇于创新既是对个人提出的要求，又是对学术界后辈的期望。

二、"学问无涯"

"吾生也有涯，而知也无涯"，庄子一语道出了知识具有无限性的特点。大千世界的知识是无限的，人们不能停止对知识的追寻，终身学习可以说是对知识与生命的关系做出了很好的回应。朱德熙在面对有限的生命时，倡导孜孜不倦主动求知，他做到了终身学习。他认为当探讨出新的问题时，视野就会变

---

〔1〕《朱德熙先生纪念文集》编辑小组编：《朱德熙先生纪念文集》，语文出版社1993年版，第321页。

〔2〕《朱德熙先生纪念文集》编辑小组编：《朱德熙先生纪念文集》，语文出版社1993年版，第28页。

得更开阔，同时需要探索的世界也变得更为广阔，这样一来，就需不断加强自身的修养。故朱德熙一生涉猎广泛，知识渊博。

（一）知识广博

一位资深的学者定不会孤陋寡闻，而是博闻多识，朱德熙便是如此。孙玉石曾言，"朱德熙先生是以知识渊博、治学严谨、勇于创新而闻名的。"[1] 朱德熙自幼好学，熟识古文诗词，博览传统书籍，研习先进文化。他学富五车，在汉语语法、古文字以及教育教学等方面经验丰富，建树颇丰。朱德熙的《关于动词形容词"名物化"的问题》《说"的"》和《句法结构》，"把汉语语法的研究推进到一个新阶段"[2]。他的《洛阳金村出土方壶之校量》和《战国记容铜器刻辞考释四篇》等相关文章，将"战国文字的研究提高到了一个新水平"[3]。他热心教育工作，关注并积极推动基础教育的发展。他从当时学生的能力水平出发，以渊博的知识，写成了《作文指导》《谈谈作文教学》《关于中学作文教学》等具有指导性的书籍或文章。

朱德熙学贯中西，不仅精通国内的汉语语法理论及方法，还及时关注国外的学术动态，了解其学术内容，洞悉其学术特点。在长期的教学和研究之中，朱德熙注重吸收新的理论方法，结合实际情况，开拓出新的路径。"60 年代，他运用西方

---

〔1〕《朱德熙先生纪念文集》编辑小组编：《朱德熙先生纪念文集》，语文出版社 1993 年版，第 268 页。

〔2〕《朱德熙先生纪念文集》编辑小组编：《朱德熙先生纪念文集》，语文出版社 1993 年版，第 2 页。

〔3〕《朱德熙先生纪念文集》编辑小组编：《朱德熙先生纪念文集》，语文出版社 1993 年版，第 2 页。

描写语言学的理论方法，分析汉语语法现象"[1]，接连发表多篇文章，推动了现代汉语描写语法研究的发展。他综合国内外的语法研究，重新解释了语法形式和意义之间的关系，"提出了意义与形式相结合的一条重要依据和途径"[2]。同时他也看到了国外理论的不足。如，他曾在"桥本万太郎的《语言地理类型学》中译本所写的序中，一方面肯定了德·索绪尔区分共时的和历时的语言研究方法的学说"，"另一方面也明确指出这种学说的消极影响：把对语言的历史研究和断代描写截然分开，看成毫不相干的东西"[3]。不难发现朱德熙对德·索绪尔学说的分析，是他基于对语言学的广泛研究以及长期以来对语言历史发展的把握之结果。

融会中西，纵观古今，方能更好地认识世界，获取更多的知识。朱德熙一直没有停止对知识的探求，三十多岁的他依然认真学习俄语，以此深入研究语言学的新理论。1952年，他应相关部门要求，赴保加利亚任教，此后他又学习了保加利亚语和古斯拉夫语。他因学识渊博、成就突出而享誉中外，因此他曾多次应邀出国讲学。他始终走在对外汉语研究和教学的前沿。朱德熙不仅自身积极求知，还勉励学生多读书，对后辈寄予厚望。他希冀对"大学生的培养，基础知识要博"[4]。朱

〔1〕《朱德熙先生纪念文集》编辑小组编：《朱德熙先生纪念文集》，语文出版社1993年版，第5页。

〔2〕朱林清：《试评朱德熙先生的汉语语法研究》，载《南京师大学报（社会科学版）》1993年第3期。

〔3〕袁毓林编：《朱德熙选集》，东北师范大学出版社2001年版，第11页。

〔4〕《朱德熙先生纪念文集》编辑小组编：《朱德熙先生纪念文集》，语文出版社1993年版，第78页。

德熙无愧为一代宗师，他既知现代汉语又晓古代文字，既通国内理论又懂国外学说。他文史兼修，具有很强的文字功底。而且他注重文理结合，擅长理性思维。所以朱德熙在多个领域都涉猎颇深，好学而博。

（二）视野开阔

"古人说取法乎上，仅得其中。取法乎中，就会得其下，最多得其中，决不会得其上，所以一定要取法乎上。要取法乎上，眼界就得高。有些人眼高手低，其实眼高手低的毛病并不在眼高，而在手低。眼高手低总比眼低手低强。"〔1〕朱德熙常用这些话鞭策自己和学生。他主张，开阔的视野配合良好的基础知识和合理的学习方法，能更好地实现既定的目标，个人能力也会得以提升。如果视野狭隘，则很难达到理想的高度。因此两者相比，他更赞同眼高。当然，朱德熙认为最好的状态还是手和眼俱高，这样才能看得更远，学得更多。

朱德熙站得高，望得远。他尽管主要从事语言学方面的研究，但是却十分重视多学科的学习和钻研。他常把自然学科的一些研究方法与人文学科和社会学科的研究方法相结合。这种跨学科的思维和开阔的视野，往往使得朱德熙的见解独到，论述精辟。他"提倡全方位的汉语语法研究"〔2〕，同时认为科学发展是迅速的，语言学与哲学、心理学、社会学、计算机科学、人工智能等的联系日益紧密。语言学的发展需要人文科学和自然科学的协助。为此，当时朱德熙"和计算机系、心理系、哲学系的几位老师一起开设了以人工智能为话题的讨论

〔1〕　马庆株：《我的导师朱德熙先生》，载《语文建设》1994年第2期。
〔2〕　林玉山：《论朱德熙的语法思想》，载《福建师大福清分校学报》2006年第4期。

班，每个月进行一次讨论"[1]。参与讨论的人员大都是各科系的教师和学生，他们都对人工智能很感兴趣。朱德熙每次在与他们的交流中都能接触到很多新信息和新思想。

获取的知识和思想越丰富，越有助于视野的开拓。开阔的视野使得朱德熙的判断也更具前瞻性。在八九十年代国内计算机技术尚处于起步阶段时，朱德熙"就意识到，语言学必须依靠应用发展起来，而其中一个重要的应用就是信息处理，也即通过计算机去处理语言"[2]。虽然他所处的时代不够先进，但他做出的预测却很了不起。他对未来语言学的发展走向所做出的预测，主要源自他开阔的视野和广博的知识。

此外，朱德熙还主张进行方言之间的比较研究、历史的比较研究以及与标准语研究的结合。当时语言学研究多以普通话为研究对象，缺乏对汉语方言和古汉语的关注，对方言语法、历史语法和标准语语法之间的关系认识也不够清晰。朱德熙在研究中注意到了这一问题，于是在论文中进行了新的尝试，他将方言、古汉语与标准语相结合。在《汉语方言里的两种反复问句》中，朱德熙不仅研究了近代汉语，而且对方言反复问句进行了分析，这一研究在当时引起了广泛的讨论。《北京话、广州话、文水话和福州话里的"的"字》通过对方言的比较，分析了北京话里的"的"。在《汉语方言里的两种反复问句》和《"V-neg-VO"与"VO-neg-V"两种反复问句在汉语方言里的分布》中，朱德熙运用了历史的比较方法。他

---

〔1〕 郭九苓、漆永祥、赵国栋主编：《北大中文名师教育谈》，广西师范大学出版社 2015 年版，第 378 页。

〔2〕 郭九苓、漆永祥、赵国栋主编：《北大中文名师教育谈》，广西师范大学出版社 2015 年版，第 379 页。

通过参考大量的历史文献资料，如《金瓶梅》《西游记》《红楼梦》《儒林外史》、秦简、禅宗语录等，得出了新的结论，同时也校正了之前的一些观点。朱德熙在比较研究中还注重从多个维度对汉语方言进行分区，其"阐述至今仍然具有理论指导意义"[1]。总体看来，朱德熙凭借开阔的视野所倡导的跨学科比较研究极具先见之明。

（三）思维敏捷

初入大学时，朱德熙在物理系学习了一年，后转入中文系。但是朱德熙一直深爱着数学，他曾说过"没有数学头脑的人，无法研究语言学"[2]。在这种思想的指导下，他一直坚持做数学题。这种行为有助于朱德熙思维的拓展，同时也有益于其思维的强化。不断加强思维的训练，是朱德熙思维敏捷的重要原因。

朱德熙思维的敏捷性表现在诸多方面，如语言学方面。尽管有些语言现象就发生在人们身边，却不曾被留意，而朱德熙总能从日常语言现象中发现问题，究其原因离不开朱德熙自身对语言的敏感性。他通过观察，能够捕捉到人们习以为常的语言现象，从中较快地发现问题，并加以提炼、总结。1986年1月，在"中国语言和方言学术讨论会"[3]上，主持人希望朱德熙做会议总结。由于朱德熙事先没有接到通知，于是临时做

---

〔1〕 侯精一：《朱德熙先生在汉语方言研究上的贡献》，载《语文研究》2011年第2期。

〔2〕《朱德熙先生纪念文集》编辑小组编：《朱德熙先生纪念文集》，语文出版社1993年版，第67页。

〔3〕 林焘：《敏锐、严谨、创新——为朱德熙兄逝世一周年作》，载《中国语文》1993年第4期。

了一个关于"方言分区和连读变调"的总结发言。朱德熙的发言很精彩，后来这篇发言被《中国语文》所刊登。只有先前对语言学有充分的了解，对语言有相当的敏感性，才能在毫无准备的情况下做到如此成功。这些足以说明朱德熙思维的敏捷以及他对语言的洞察力。

朱德熙非常重视洞察力，他认为这是揭示事物本质的原动力。"在一次小讨论会上先生提到了'的'字结构。这时，一个年轻学者针对'我是昨天来的'的'的'是'名词性单位的后附成分'这一朱先生的论点，提出了不同意见，说：这种带'的'的动词句所表示的动作一般局限于已然态的动作，而朱先生的观点对这一语言事实无法做出合理的解释。"[1]面对这位青年学者提出的质疑，朱德熙当即做出了回应。他首先很谦虚地表示不一定能回答得很好，接着说道："名词性结构就是指称形式，'来的'可以认为是一种表示'类'的指称形式，广义上是一种分类性的描述。我认为，成为分类对象的事物，一般都是已然的事情。"[2] 从木村英树回忆的文章中可以看出，这次讨论中提出的问题诚然是朱德熙未曾预料到的。朱德熙虽然没有经过先前的思考，但是依然能从容应对，轻松解答年轻学者提出的疑惑，这充分展示出朱德熙敏锐的洞察力。

他不仅在学术方面反应迅速，而且在其他方面也能见微知著。六七十年代国内经济并不繁荣，人们经历了不少波折。在

---

〔1〕《朱德熙先生纪念文集》编辑小组编：《朱德熙先生纪念文集》，语文出版社1993年版，第212页。

〔2〕《朱德熙先生纪念文集》编辑小组编：《朱德熙先生纪念文集》，语文出版社1993年版，第212页。

三年困难时期，人们的温饱问题突出。"当时小道消息满天飞，抢购之风蔓延。"[1] 很多人都上街排队买东西，甚至在深夜就去排队，生怕抢不到。不论吃的、穿的、用的，人们都要抢购。抢购之风使得一部分人胆战心惊，当时朱德熙的邻居还劝其妻，及早储备食物以备不测。朱德熙则不赞同这种说法，他认为国家会及时解决这些问题的，因此不让妻子出去抢购。果然，没过多久，国家就开始实行配给制。朱德熙能够洞悉局势，及时做出正确的判断，着实令人佩服。

总体看来，朱德熙既有崇高的人格，又有广博的学识。他在面对外界诱惑时能够心无旁骛，潜心学术；在遇到问题时能够宽以待人，尊师重友；在对待传统时能够勇于突破，积极创新。除了高尚的情操，朱德熙还内外兼修，不断学习以丰富知识、开阔视野、开拓新的思路。这些都为朱德熙的教育智慧奠定了坚实的基础。

第三节　朱德熙教育智慧的风采

朱德熙不仅自己博学多才，为学术界带来累累硕果，而且在讲坛辛勤耕耘，桃李满天下。为提升学生的素养，促进知识的传播，朱德熙不断更新自己的知识。他善于从教学中发现问题、解决问题，并且将教学实践与科学研究相结合，这就为更好地教学做了充分的准备工作。难怪同学们都说听朱德熙讲课是一种"享受"，这固然离不开其教学前的准备，同时也体现

---

[1] 何孔敬：《长相思——朱德熙其人》，中华书局 2007 年版，第 127 页。

出其教学智慧的魅力。

一、教师的课前准备

课下做好充足的准备工作，既是对学生负责又是对自己负责的一种表现。教师只有自身知识丰富，能力达到一定的水平，才能更好地开展教学工作，使教学活动顺利进行。朱德熙认为，教师在课下要继续广泛学习，这样教学的基础才牢靠。教学的同时也要兼顾科研，这样的结合才有利于教师素养的提升。

（一）学而不厌，言之己明

韩愈曾言，"师者，所以传道受业解惑也。"作为教师要传播知识，为学生答疑解惑，这就要求教师具备一定的知识和能力。因为时代在不断变化，知识在不断更新，学生的视野也在不断扩展，教师如果不学习，则难以担当教书育人的重任。朱德熙深知"学无止境"的重要性，因此他一直倡导教师要不断学习，他自己也做到了终身学习。他乐于学习，而且勤于学习，每天晚上都要学习到深夜，平时几乎不会外出游玩。在保加利亚教学期间，有次学校安排度假，如果不是要求必去，朱德熙怕是不会去的，因为他一心只想着学习和工作。

他专心学习的同时也会同他人交流问题。朱德熙在古文字方面很在行，他对《说文解字》知之甚多，与人讨论《说文解字》的时候，他能够应答如流，这是他不断学习的结果。当与人讨论字的时候，他的回答常常是这样的："第一种，这个字说文两见，在某部某部。第二种，大徐本没有收这个字，段玉裁补了这个字。第三种，说文没有收这个字形，有个音义相同的字在某部。第四种，这个字在某部。第五种，说文没有这个字。"[1] 在与别人正面讨论的时候，他能够直接回答出具体某个字在某部，可见朱德熙对《说文解字》相关内容的熟悉程度，这从中也反映出他是多么的好学。只有坚持不断学习，扩充个人的知识储备，才能在面对学生提问时做出合理的解答。

"问渠那得清如许？为有源头活水来。"教师更新自己的知识，对原有知识进行整合，这样既可以补充原有知识的空白，又可以开阔视野，提升个体素养。教师持续更新个人的知识，才能保证教学内容和教学方法等不是年复一年的重复，也可以与学生分享与时俱进的内容。这样的教学对学生更具吸引力，也是教师教学永葆活力的重要源泉之一。然而有些教师自认为任教时间长，教学经验丰富，不去接触新的知识，所以其思维模式僵化，知识体系陈旧，因而其教学效果欠佳。朱德熙则恰恰相反，尽管他已经从事语法教学多年，有着丰富的教学经验，但是每次开课前，他都会重新为学生复印资料。他每年都会对讲义进行修正和增补，而不是反复使用自己过去的那些讲义。常对讲义进行修正和增补意味着朱德熙对知识的不断整合与创新，他不断探索新的教学内容、开发新的教学方式。而且他也不断吸收先进的理论与方法，并将它们转化成自己的知识，继而将这些内容传授给学生。这样，知识的流动始终是新鲜的，能够保证学生接触到的知识具有前沿性，培养出来的学生更有可能高瞻远瞩，走在学术的前列，避免他们沉溺于固化的思维和体系中。

此外，教师要精准地把握教学内容，尽量做到熟稔于心。

---

[1]《朱德熙先生纪念文集》编辑小组编：《朱德熙先生纪念文集》，语文出版社1993年版，第33页。

如果教师对教学内容似懂非懂，无论教师使用什么样的教学技巧，学生也无法真正体会到知识的真谛，而且学生可能会对教师产生不满。朱德熙治学严谨，在教课前就已经认真思考上课即将要讲授的内容。他课上讲授的知识都是经过深思熟虑的，如果经过斟酌过后依然没有得出合理的解释，他会在课上直接告诉学生，这个问题他还没有想好，他不会轻易在课上做出不成熟的猜测。他要确保自己已经掌握这些内容，并且能够清楚地向学生表达自己的观点。朱德熙面对暂时不明了的问题能当面向学生说明情况，这样做既可以避免传播错误的思想和知识，也是为人师对自己言行负责的表现。总之，身为一名教师，朱德熙做到了学而不厌，同时也确保了传授给学生的知识的准确性。

（二）教学与科研相结合

在一些欧洲国家，对教学与科研关系的争论从开始到现在一直未停止过，这一问题至今"依然没有什么确定的结论"[1]。在国内，关于教学与科研关系的讨论自 20 世纪五六十年代就已经开始。由于一些历史原因，很多高等学校及学者认为教学和科研不能并重。朱德熙对此观点明确，他认为在高校中教学和科研不能分离。他在北京语言学院语言教学研究所成立大会的讲话中曾说过，对于高等院校来讲，"教学和科研本来是不应该分开的，这是一件事情的两面。没有不教书的教授，也没有不做研究的教授。……有的搞研究的人不会教书，没有教学经验；教学的人不搞科研，那他的教学就上不去。……绝对不要

---

〔1〕 吴洪富：《国内教学与科研关系研究的历史脉络》，载《江苏高教》2011 年第 1 期。

把这两个问题分开"〔1〕。朱德熙一直坚持并努力践行着教学与科研相结合的理念。

曾经有段时间流行着这样的观点：教师只要书教得好就可以，做不做科学研究没有关系。的确，教学对教师来说是非常重要的，但是不做科学研究的教师其知识就会一直停留在原有的水平，不接受先进的知识，教学水平也难以提升。朱德熙很早就意识到这一点，他始终边教学边搞科研。他知道教师要想提升教学水平就不能闭门造车，要广开思路，接触更多新的理论和观点，扩充知识储备。朱德熙课下会认真思考在教学中遇到的一些语言现象，有时会与同学们或与同行好友进行讨论，继而对一些问题进行深入研究。这样，教学中的问题可以得到解决，科学研究的水平也能得到提高。在教学实践中寻找问题进行探究，对科研具有一定促进作用，同样，科学研究也会为教学提供理论支撑。朱德熙认为某些老师在课上讲的问题并不透彻，有时候知其然不知其所以然，这是由于老师先前做的基础研究不充分。老师经常就问题讲问题，却没有把握问题背后存在的一些理论观点。例如，朱德熙强调在对外汉语教学中，不是每个国人都可以教对外汉语这门课，也不是哪个教师的教学经验丰富就能够把课教好。做好汉语研究才是对外汉语教学长足发展的重要动力。因为教师从事汉语研究的时候便在不断汲取新的知识，同时汉语研究也可以为汉语教学增添新的内容。

就教学和科学研究而言，朱德熙既强调两者之间的关系，

----

〔1〕 施光亨：《他的功业在书上也在人们心中——纪念朱德熙先生逝世一周年》，载《语言教学与研究》1993年第3期。

又切实做到了将两者相统一。他在掌握汉语研究的基础知识和基本方法的基础上，着手进行汉语研究。在这一过程中，他不断吸收国内外相关学派的理论，结合国内实际情况建立起本土化的学科理论。同时他又将科学研究的理论方法运用到教学当中，指导教学。当在教学中发现问题时，他会对这些问题进行再研究，提升至理论高度。他不仅科研水平高，而且在教学方面也得到师生的一致好评。

二、教学中的"能工巧匠"

课前朱德熙为教学做足了准备工作，所以在教学的过程中朱德熙就可以大展其教学智慧的风采。朱德熙当年执教于北京大学中文系，当时的全称是"中国语言文学系"，尽管名称中的"语言"在"文学"之前，但是"语言"在学生心中的地位并没有那么高。绝大多数的学生更喜爱文学，只是迫于某些规定，他们才选修了语言学课程。而且语言学课程相对枯燥，学生将现代汉语语法课戏称为"文科中的高等数学"，可见学生对语法课是多么"敬畏"。但是朱德熙的语法课却格外不同，每逢朱德熙上课，教室里都是堂堂满座，而且连过道都坐满了人。很多外校的学生也会赶来听课，他们认为听朱德熙的课是一种享受。朱德熙的课确实有其独特之处。

（一）言语生动，妙趣横生

课堂中师生交流的主要工具是语言，而教学语言是教师进行信息传递的重要载体。每位教师都用自己独特的方式与学生进行沟通，朱德熙在教学中则常常是妙语连珠，他通过幽默的言语将教学内容传递给学生。学生会被他有趣的话语所吸引，同时也能够在欢乐的氛围中将知识内化。

20 世纪 60 年代的朱德熙已经是国内知名的学者，很多新生在进入大学之前就已经听说过朱德熙其人。课前同学们大都以为这位名师会在教学时发表长篇大论，但事实并非如此，有些实例可以证明。据张卫东回忆，朱德熙曾在学生面前这样描述"语言"："语言这个东西，很让人费琢磨，你比如我说个'刀'，再说个'刀儿'，你闭上眼想想，有什么不同？"他边说边用手比画着。"刀，起码这么长——大刀！""刀儿，顶多这么长，是不是？""你们想想，这是什么道理？"〔1〕朱德熙在说话的过程中，会留下空余时间让同学们闭眼感受。台下的学生细细品味过后，"顿时活跃起来"，他们全都被朱德熙的话所吸引。切实想来，有多少人会思考"刀"与"刀儿"的区别，大概没有人考虑过它们之间的差异，更不用说从这种角度来分析了。朱德熙全程没有使用什么高深的术语，而是用生动的言语将"语言"这一复杂的概念具体化，激发了学生的学习兴趣。学生从幽默的话语中充分感受到了语言的迥异。朱德熙的话虽简洁却生动，引人入胜。

他课上声音洪亮，语言幽默诙谐，妙语解颐之外还富有知识性。初上汉语课的学生，从小就开始学习汉语，最初认为大学时期还要学习汉语简直就是浪费时间。但是当朱德熙走上讲台，他所讲的汉语课竟颠覆了学生之前的观点。朱德熙刚讲课没多久就博得了学生的喜爱，学生的注意力集中到了他生动的话语上。刚开始上课，他就举了一个简单的例子说："有人将

---

〔1〕《朱德熙先生纪念文集》编辑小组编：《朱德熙先生纪念文集》，语文出版社 1993 年版，第 162 页。

'飞机'一词，说成动词，理由是飞机在空中飞行，所以它是动词。"[1] 事例虽简短，语言却生动，学生的注意力都集中于他的身上。当讲到说话与写文章之间的关系时，朱德熙主张，写文章要先学会表达，而不是先学会写字。他举例说，外国人写不好中国的文章，主要是因为他没有学好如何说中国话。"'一条鱼'往往给说成'一个鱼'，而中国人即使不会写字，也不会说出'一个鱼'的话来。"[2] 朱德熙课堂中幽默的语言背后，往往蕴含他要讲述的道理。

（二）深入浅出，推理严密

朱德熙犹如一位魔术师，在他的语法课上，那些喜爱文学的学生不再偷偷看小说，爱好音乐的学生不再悄悄搞音乐创作。这主要是因为他讲课具有"高见卓识、严密的逻辑推理，使听众自愿地亦步亦趋"[3]。就如卢甲文所言，"朱先生讲课严密而生动，从提出问题，分析问题，到解决问题，具有很强的逻辑性。他能一下子抓住听课的人，吸引听课的人跟着他的思路走"[4]。

朱德熙是"逻辑派"的代表，他讲课条理清晰，从来都是切合主题，与语法分析相关。他会具体"讲这个词组、这

---

〔1〕《朱德熙先生纪念文集》编辑小组编：《朱德熙先生纪念文集》，语文出版社1993年版，第239页。

〔2〕《朱德熙先生纪念文集》编辑小组编：《朱德熙先生纪念文集》，语文出版社1993年版，第132页。

〔3〕《朱德熙先生纪念文集》编辑小组编：《朱德熙先生纪念文集》，语文出版社1993年版，第120页。

〔4〕《朱德熙先生纪念文集》编辑小组编：《朱德熙先生纪念文集》，语文出版社1993年版，第98页。

个句子该怎样分析"[1]，而不是照本宣科，简单地将一些术语、抽象概念灌输给学生。朱德熙上课时会给学生发放一张印有例句的纸，然后通过这些例句分析语法。他上课不是自顾讲授，而是类似"剥笋壳"，"层层转折逼近"，又常常"自我非难"。"对于词、句的使用，结构的安排，他会提出若干可能性进行比较，让它们相互辩驳，从中发现较佳的处理。"有时他也会"提出某个论点，又'自反'地质疑这个论点"[2]，"或将这个判断的合理性限制在一定（比如某种文类，某种风格）的范围内"[3]。

　　就像孙玉石所说，朱德熙总能找出一些有趣的例句，从中"一层一层地推引出想说的结论来，使你在自觉或不自觉中接受了他的意见或看法。可是，在你还刚刚集中精力思考他举出的例句时候，在你悟出他那些简要明晰的理论结论的科学性与合理性的时候，他又会举出一些相反的例句，说明自己归纳的结论，总是有例外。然后又进一步告诉大家，例外是科学归纳的必然现象，问题在哪一种理论归纳例外更少一些，更合理一点"[4]。在论证的过程中，学生紧随朱德熙的思路，因为稍有走神就可能会跟不上他的推理。朱德熙几经论证，学生就会知道一个句子可能有多种理解。一个句子也有可能被局限于某

---

　　[1]　蒋绍愚、吴世英：《诲人不倦　薪火相传——蒋绍愚教授访谈》，载《中国大学教学》2009 年第 8 期。

　　[2]　洪子诚：《当代文学史教学及其他》，载《海南师范大学学报（社会科学版）》2009 年第 1 期。

　　[3]　洪子诚：《历史经验的重量——往事随感三则》，载《西部》2011 年第 1 期。

　　[4]　《朱德熙先生纪念文集》编辑小组编：《朱德熙先生纪念文集》，语文出版社 1993 年版，第 266 页。

个范围之内，原有的理论对它的解释才是合理的，或者需要建构新的语法理论来对句子进行解释等。朱德熙讲课时由浅入深，逐步推理，推理的过程相当严密，环环相扣，无纰漏可言。

这种逐步推理、层层逼近，不断找寻新问题、获得新解释的自反式的教学，不免会使学生想要进一步了解老师所讲的内容。这样他们上课时会听得更加入神，视野会变得更加开阔，思维会更加灵活，能力会提升至新的高度。

（三）自由讨论，独立思考

在学术方面，朱德熙主张民主。他希望学生能够各抒己见，畅所欲言，不要拘泥于固有模式，也不要畏惧权威。他说过："没有十全十美、百分之百正确的东西，因此可以不同意先生的意见。如果能驳倒我，我很高兴。学生应该超过先生。"[1]朱德熙鼓励学生勇于开拓，争取超越老师。所以他的教学以引导学生为主，给予学生充分自由讨论和独立思考的空间。

课堂上，朱德熙尽量避免自己在讲台上独自讲授、学生记笔记的方式。他更倾向于让学生们在课堂中自由讨论，激发学生的主动性。有时还会邀请其他人来做报告，如日本神户大学的中川正之、项梦冰、白硕等人都曾在朱德熙的课上做过报告。做报告的目的更多的是启发学生讨论、思考语言学中的相关问题。项梦冰是朱德熙的学生，他有次写了篇文章想请朱德熙审阅，在交给老师后，老师竟希望他能够在课上为同学们讲解一番，后续再进行一次讨论。这篇文章就是《新泉话的

---

〔1〕 马庆株：《我的导师朱德熙先生》，载《语文建设》1994 年第 2 期。

"的"字和转指、自指标记》，实际上这篇文章中的一些内容与朱德熙的某些观点不一致，有些内容甚至是在反对朱德熙之前的论述，为此项梦冰把这篇文章交给老师后内心是忐忑的。不曾料想，老师非但没有批评他，反而还对他进行了指导，同时指出这篇文章中描写语言事实不详细的问题。朱德熙一再鼓励项梦冰，希望他能在课堂中与同学们进行讨论。在朱德熙的鼓励下，项梦冰在课堂中与同学们进行了热烈的讨论。过后，项梦冰表示从讨论中收获颇丰，自己得到不少启发，后来他对该文进行了修改，也就是后来发表在《方言》上的《连城（新泉）话相当于北京话"的"字的语法成分》。对项梦冰来说，在讨论中思维的火花经过不断碰撞得以迸发。其他同学也在此次课上积极参与讨论，他们在讨论中接触到了新的知识和观点。

　　学生一味听从老师的讲解，很难有创造性的发展。老师为学生留有讨论和思考的空间，学生便有可能想老师之未想，做老师之未做。如果学生有自己思考的空间，探讨自己喜爱的研究方向，那么他们会开动脑筋，分析问题的角度会多样化，这也有利于其知识的深化和技能的提高。朱德熙在课上会表扬那些认真思考的学生。如，朱德熙讲"的"字结构的时候，他为学生布置的作业就是让同学们每人交五个带有歧义的句子。在点评作业的时候，他专门拿出"反对的是他"这个句子与同学们分享。朱德熙对这个句子的评价是"它很有意思"[1]，从中可以看出他对学生独立思考的精神很赞同。其实对于语言学尤其是语法学的学习，如果学生只是背诵结论性的内容，或

---

　　[1]《朱德熙先生纪念文集》编辑小组编：《朱德熙先生纪念文集》，语文出版社1993年版，第208页。

者老师和盘托出，不引导学生讨论、思考，那么结果不会令人满意。学生只有经过多次思考，主动运用所学的理论，他们才更有可能掌握该内容。

（四）尊重语言事实

朱德熙在教学中告诫学生要"尽可能少做假设"[1]，一切从实际出发，以尊重语言事实为基本要求。他认为离开语言事实去探求理论知识只能是缘木求鱼，在教学方面也是如此。他摒弃脱离语言事实进行教学的做法，在语法教学中，他会从日常的材料入手，进而引入语法理论。所以他在教学中不是只描述语言的表面现象，而是深入挖掘其背后隐藏的内容。

有的人对一些语法流派、主义存有偏见，但是朱德熙不管这些，他关心的是这些知识是否根据语言事实得出，从而借鉴其合理的成分。20世纪80年代国内部分学者对乔姆斯基（Chomsky）的学说抱有成见，而朱德熙主张，语法理论以语言事实为基本才是重要的。他在讲课的时候，通过列举汉语的各种实例，"具体地展示了生成音韵理论的优点和假设深层结构存在的好处"[2]。又如他通过"对北京话和潮阳话的重叠式象声词"的逐一举例，运用生成音韵学，总结出"形态音韵学上的规律"[3]。面对各种理论学说，朱德熙首先注意到的是它们是否依照语言的事实出发。然后在教学时，他再运用

---

〔1〕《朱德熙先生纪念文集》编辑小组编：《朱德熙先生纪念文集》，语文出版社1993年版，第212页。

〔2〕《朱德熙先生纪念文集》编辑小组编：《朱德熙先生纪念文集》，语文出版社1993年版，第212页。

〔3〕《朱德熙先生纪念文集》编辑小组编：《朱德熙先生纪念文集》，语文出版社1993年版，第212页。

相应的事例对这些理论进行解释，继而进行归纳总结。学生既能从中感受到语法理论的成功之处，又能将语法理论与实际生活相结合。

还有一个著名的事例常被教师拿来在语法课上使用，那就是朱德熙对"咬死了猎人的狗"的讲解。"咬死了猎人的狗"看起来是一句很通俗的话，说话的人"本身很明白是什么意思，因为他是在一个特定的情境里。但说给别人听就有可能产生歧义，因为从纯语言学的角度讲会有两种解释：'咬死了｜猎人的狗'，或'咬死了猎人的｜狗'。学生就会觉得这里头有意思，也体会到语言的层次性"[1]。在教学中，朱德熙不是空泛地讲从语法上该如何进行层次分析、功能分析、语义分析等，而是从日常生活入手，利用含有生活实例的一句话——"咬死了猎人的狗"对学生进行语法划分的引导，进而轻松地将复杂的语法划分方法传授给学生。对于这种简单有趣的教学事例，学生是极其喜爱的，他们不会觉得语法的相关概念或分析方法过于抽象，反而能轻松地体会到语言的多重韵味，较快掌握语法分析的要领。

结合朱德熙学生的回忆，可以得知朱德熙在教学中以尊重语言事实为基本。而且他善于观察，能从常见的语言现象中发现问题，并将这些问题在课堂中提出。他会带领学生在真实的语境中学习语法的分析，启迪学生寻找语法的规律。像朱德熙这样，将教学与日常语言材料相结合，在课堂中多加运用生活中的精彩语例，既可以吸引学生的注意力，活跃课堂气氛，又

〔1〕 郭九苓、漆永祥、赵国栋主编：《北大中文名师教育谈》，广西师范大学出版社2015年版，第320页。

可以引发同学们对事例背后的语法现象进行深入的思考。这样的教学效果十分显著，语法课堂也变得不再无聊。

三、课外的指点与熏陶

学生不仅喜欢听朱德熙上课，而且课后还争先恐后地向他请教各类问题。面对学生的来访，无论何时朱德熙都热情地接待他们。不论在国内教学还是在国外教学，不论教国人还是教外国友人，朱德熙都尽心竭力，为学生答疑解惑。

如在保加利亚教学时期，由于之前保加利亚的汉语教学处于空白状态，这就需要新来的汉语教师着手编写汉语教材，而张荪芬原来从事的是医学工作，所以当年朱德熙在保加利亚的工作难度可想而知。不过，朱德熙设法克服了种种困难，和张荪芬开展合作教学。尽管他们的工作任务繁重，但是课后他们依然会对学生们的疑问进行耐心细致地讲解，同时还会"带领学生复习和练习所学知识"[1]。他们的教学虽然在不断探索中进行，但是其效果甚佳，为保加利亚培养了许多优秀的汉语人才。

在北京大学教学时期，由于朱德熙的教学备受学生喜爱，所以当时有许多外校的师生到北京大学聆听朱德熙讲课，每次上课教室里都挤满了人。朱德熙从来不会因上课时来的人多"增加他评改作业的负担而谢绝外人，相反，他对外校外系师生课间的提问从来都是耐心解答，循循善诱"[2]。常敬宇当

---

〔1〕 北京外国语大学欧洲语言文化学院编：《欧洲语言文化研究》（第5辑），时事出版社2009年版，第134页。

〔2〕《朱德熙先生纪念文集》编辑小组编：《朱德熙先生纪念文集》，语文出版社1993年版，第245页。

年就是慕名前往北京大学旁听朱德熙讲课的一名学生，他听完朱德熙讲课内心很是满足。课间休息的时候，他主动找朱德熙交流，说明了自己的情况。朱德熙很谦虚，还向他征求意见。陈章太也去听过朱德熙的课，下课后他曾向朱德熙请教问题。但是陈章太后来回忆说"那问题本是常识性的"，"那时朱先生已有了名气，然而对我这个陌生的年轻人所提的问题，还是耐心、详细地作了解答，并且举了好些实际例子，启发我进行思考"〔1〕。面对学生提出的各种问题，朱德熙从来都是心平气和地解答，不会因为问题过于简单而拒绝回答。他总是知无不言，并且引导学生独立思考。

　　有些学生毕业后，还会向朱德熙求教。如赵杰刚毕业后到东语系任教，他带着如何讲好汉语、如何讲课才能让学生信服的问题向朱德熙请教。由于朱德熙关心基础教育，他在写作方面有着自己的看法。当时他对赵杰的回复大意是，大学里教写作不应以具体知识为主，而应该培养学生"掌握提高汉语水平的方法，恒久习作的能力和浓厚的兴趣"〔2〕，所以汉语的教学最好能达到既有用又有趣的效果。在朱德熙的指导和赵杰的努力之下，后来赵杰的课在学校很受欢迎。陆俭明毕业任教后也曾到朱德熙家里讨教如何能教好语法课。朱德熙说没有什么窍门，不过他认为有一点"很重要，那就是要站在学生的

---

〔1〕《朱德熙先生纪念文集》编辑小组编：《朱德熙先生纪念文集》，语文出版社1993年版，第101页。

〔2〕《朱德熙先生纪念文集》编辑小组编：《朱德熙先生纪念文集》，语文出版社1993年版，第245页。

角度来考虑安排讲授内容，设计课堂教学"[1]。就此而言，我们可以说，只要学生向朱德熙寻求帮助，他都会因不同的问题给予学生不同的回答，耐心引导学生，对学生有很大的帮助。

从以上论述中，我们可以窥见朱德熙的教育智慧，他为教学做足了准备工作。闲暇之余他就不断学习相关的理论知识，借鉴先进的经验，始终站在学术的前沿，以此来丰富教学内容。他将教学与科学研究相结合，为学生带来一堂堂精彩的课。学生被他的妙语和雄辩所吸引，被他严密的推理所折服。课堂中同学们积极地讨论，思考着各种问题，这就有利于他们能力的提升。朱德熙出色的教学吸引了众多师生，学生上课时不免会有一些疑问，课后就向朱德熙请教。朱德熙热情地接待每位来访的学生，对他们提出的问题都会作出积极的回应。出于对学生的责任与关怀，朱德熙对不同的学生给以不同的教学意见，诸多学生深受其影响。

第四节　朱德熙教育智慧对学生的影响

只要听过朱德熙课的人都会对其称赞不已，说朱德熙把课讲活了。朱德熙在教学中不单单是对某个具体语法内容或写作知识点等的讲解，他更多的是通过教学激发学生的学习兴趣，锻炼学生的能力，启迪学生的智慧，为学生个人的持续性发展奠定坚实的基础。

---

〔1〕《朱德熙先生纪念文集》编辑小组编：《朱德熙先生纪念文集》，语文出版社 1993 年版，第 264 页。

一、德性方面对学生的熏陶

教师除了传授知识技能，为学生指导学术科研，更重要的是在品格方面能够为人师表。朱德熙不仅传播文化科学知识，还有着强大的人格感召力。他的德行修养境界颇高，一直影响着学生的思想和品德，而且对学生的行为也有着深刻的影响。从其学生身上可以发现他的诸多优良品质。

（一）治学严谨

教师的风格在很大程度上影响着学生的学习态度、学习方法和学习品质等，因为师生的交往与互动会对学生产生直接的影响。朱德熙平时教导学生，为学要刻苦钻研，行文要有理有据。朱德熙在教学中秉持严谨的作风，学生在耳濡目染中就能体会到他的教学风格和治学态度。潜移默化之中就使得学生端正了学习态度，继承了朱德熙治学严谨的精神。刘勋宁称，他虽未有朱德熙的才华，却模仿了朱德熙的严谨。学生跟随老师不一定能学到所有的知识，毕竟知识是无限的。但能学到为学的态度对学生来说意义更为重大，因为严谨的态度对一位语言工作者来讲是极为重要的，这会对他们日后的工作和学习有莫大的帮助。

《量词研究》是曹先擢在朱德熙的指导下完成的一篇论文，因为当时朱德熙对曹先擢的指导较为严格，所以每当朱德熙看到文中有不合适的地方就会进行标记。这对曹先擢日后养成严谨的作风起着积极的作用，而且曹先擢说，做事情只有得到朱德熙的认可，心中才会感到踏实。1985 年，曹先擢在"中文辞书发展演变展览"中担任学术顾问。为了顺利完成此次任务，曹先擢不顾炎热，"钻进图书馆十几层高的书库，一本本翻捡挑选送展的书，满脸是灰尘，周身是汗"[1]，但是曹先擢不仅没有感到疲倦反而觉得很充实。就这样，他精心准备了展览说明和演讲稿，并且把这些拿给朱德熙评改。在曹先擢的努力下，展览圆满举行，曹先擢的演讲也受到了好评。

陈小荷的毕业论文写了二十多万字，但朱德熙依然修改了好几遍，而且他每次都会认真批改论文。如果遇到不懂的地方朱德熙也从不放过，他会和陈小荷当面讨论。对于文中的理论问题，他要和陈小荷反复确认后才放心。朱德熙严谨的治学精神深深地影响着陈小荷。陈小荷工作后也一直保持着严谨的作风，无论在教学方面还是在科研方面他都持严谨的态度，指导学生也是如此。陈小荷毕业后从事教师工作，他指导的学生说，老师在学业上给予了他们耐心细致的指导，并且老师严谨的学风和渊博的知识一直激励着他们前进。

总之，在朱德熙的感染下，其后学之人严于律己，在学术和教学中始终以严谨的态度要求自己，他们是学生学习的楷模。

（二）关怀学生

"捧着一颗心来，不带半根草去"，朱德熙就是以这种精神全心投入教学中，他热爱学生并关爱学生的发展。王洪君读研究生时主修历史语言学，如果能够学习英语史对她来说将十分有益。但当时英语系不接收外系的学生，朱德熙了解情况之后，亲自向英语系老师说明情况，并为学生说情，最后老师收下了王洪君和她的同学。朱德熙关心学生的学习和生活，为学

---

[1]《朱德熙先生纪念文集》编辑小组编：《朱德熙先生纪念文集》，语文出版社1993年版，第108页。

生创造良好的学习环境。为此，他还自发组织了语言学沙龙，邀请学生到家中参加活动。在这里他们师生可以尽情畅谈，学生能感受到来自老师的关怀，他们愿意亲其师，信其道。学生们在老师的真切关怀下成长起来，所以他们无形之中也会受到老师的熏陶。

参加学术沙龙活动的除了朱德熙外，大部分都是他的学生。尽管如此，朱德熙也从未摆出高高在上的姿态，反而与学生亲切交流，时而还向学生请教问题。叶蜚声受朱德熙之邀常常参加沙龙活动，他在活动中收获良多。后来叶蜚声在指导学生时，也多采用"启发和漫谈"的方式。他当领导后"从不拿架子"，"对普通的大学生、研究生仍然平易近人"[1]。他关切学生的成长，对学生的求教总是竭诚相助。

组织学术沙龙是为了更好地促进青年人的成长，所以朱德熙不仅邀请北京大学的学生参加活动，还邀请外校的人员参加，史有为就是其中一员。又因朱德熙平易近人，学生们能和他平等交流，所以参加沙龙活动的学生从中受益良多。史有为从朱德熙身上也学到了很多，而且他发扬了朱德熙关怀学生的精神。刘代容在日本留学期间选修了史有为的课，于是他就与史有为熟悉起来。当时写博士论文时，刘代容的导师要求较为严格，所以刘代容的压力很大，史有为就经常劝导他。史有为告诉刘代荣，如果压力大了，就到办公室找他。每次刘代容去找史有为，史有为都会安慰并耐心开导他。尽管史有为要上课、写论文、搞科研，时间并不充裕，但是他从来不会训斥刘

---

〔1〕 赵杰：《一位奉献不止的语言哲人——悼叶蜚声师》，载《语文建设》1998 年第 12 期。

代容，反而是鼓励他，希望他能放松心情，继续拼搏。史有为作为刘代容的副查，批阅刘代容的文章时极为细心。论文答辩结束后还需要经过学校委员会的讨论，在这期间，史有为还不忘安慰刘代容。当学生有困难的时候，史有为总是能够关心学生，帮助学生舒缓焦虑和不安。刘代容说史有为对他的关怀如父亲一般，不难发现史有为对待学生如同对待自己的孩子一样，他的关怀滋润了学生的心田。

在生活中，史有为和学生也是亲如一家。春节象征着团聚，它是中国的传统节日，也是人们最为重视的节日。在这一天，大部分人都会赶回家和家人相聚，然而远在日本的学子却不能回家，很少能感受到春节的氛围。所以每逢春节，在日本的史有为都会组织中国留学生及他指导的学生一起包饺子欢度春节。他会教学生如何擀饺子皮、包饺子，大家一起动手，其乐融融。尽管不如国内那样热闹，但是身在异乡的同学们依然能够体会到春节的欢乐，感受到老师的温暖。史有为能够融入学生的生活，为学生带来精神上的关怀，使他们的心灵不再孤独。朱德熙关怀学生的精神又在学生身上重新展现。

（三）惜时如金

时光易逝，学问无涯，而生命有限。朱德熙深知时间的宝贵，所以他向来都是勤于学习，在工作中分秒必争。就算外出开会，他也总是抓紧一切可以利用的时间。某次召开书稿讨论会，白天行程安排很满，所以晚上才能有空闲的时间。于是朱德熙充分利用晚上的时间读书，他说时间需要挤出来。看到年过半百的老师如此勤奋治学，作为青年的学生怎会任时间匆匆流逝？曹先擢对老师爱惜时间的这件事记忆犹新，于是每次从朱德熙处借的书，他都会看得很快也看得很认真，因为他生怕耽误老师的时间。由于曹先擢深谙业精于勤的道理，毕业从教后他便一直勤于治学，不曾荒废大好的时光。朱德熙的身教效果尤佳，他的学生以他为榜样，在学习、工作中都不懈怠。

"文革"时期，学校停课，有的教师被关进牛棚或被批斗。陆俭明在艰苦的环境中仍旧没有放弃学习，他抱着仅有的几本词典不断汲取知识。艰难困苦也没能阻挡珍爱时间、努力学习的他，后来陆俭明在语言学方面做得比较成功。当他还没有退休时，就有人劝他适可而止。但是陆俭明做学问不求功名利禄，他说，尽管自己年纪大了，但是心态年轻，还有许多工作需要做。虽然实际年龄渐增，但是陆俭明的学习热情并未褪去，他积极利用时间学习，同时也做好本职工作。外在的条件有时会成为前进的障碍，但是陆俭明总能调整好心态，巧妙地安排时间。外出工作的时候，陆俭明也会带上学生的论文。有次要出差，下午三点他收到学生的论文后就赶往机场，到了六点他便把批阅好的论文发给了学生。外出的路上他也不会荒废时间，真的做到了惜时如金。此外，他已经发表了三百多篇论文，撰写了十多部著作，这无疑需要大量的时间和精力。对此陆俭明称，他不拖延时间，而且能很快地集中精力做事情，有时他还会同时做几件事情。可见，陆俭明时间抓得紧，并且能提高时间利用率，将学习和工作安排得井井有条。

退休后的陆俭明仍笔耕不辍，完成了二十万字的《汉语教师应有的素质与基本功》一书，主编了《现代汉语》等。此外，他"一年中几乎有三分之二的时间"都"在外面或讲学，或出席学术会议"[1]。除了在国内高校讲学，他还应邀到国外参加国际学术研讨会。剩余的时间，他也有自己的规划。一般，他会从早晨八点钟工作到晚上十点半。他每天也会上网，不过他只是接收邮件，从来不浏览其他内容，因为他说"怕上瘾花时间"[2]。短短数字，却能看出陆俭明对时间的重视。即使陆俭明已退休，但是他也不允许自己虚度光阴。他积极了解国内外新的理论知识和方法，有效地利用退休后的时光，从未停止学习的脚步。在他看来时间是宝贵的，所以他充分利用时间，努力做到学无止境。

（四）求真务实

在教学中，朱德熙追求真理；在课后，他脚踏实地增强自身业务能力。他言行一致，以身作则，为学生树立了实事求是的形象。朱德熙做学问严肃认真，哪怕是微乎其微的事情，他也要再三思虑。如，他在《说"屯（纯）、镇、衡"》中，就"一些问题和资料，与有关的同志反复讨论、落实"[3]。其实之前他和裘锡圭写文章时就曾写过"屯"，但是他的这篇论文还是用了三个月才完成。本来一万多字的文章，朱德熙却花费了这么长时间来细细打磨。他几经确认才会使用材料，对一些问题深思熟虑后才写在文中，从中可以窥知朱德熙为学时求真的态度。

---

〔1〕 李萍：《希望全世界都能领略汉语的美妙》，载《深圳特区报》2016年1月13日，第B05版。

〔2〕 李萍：《希望全世界都能领略汉语的美妙》，载《深圳特区报》2016年1月13日，第B05版。

〔3〕 《朱德熙先生纪念文集》编辑小组编：《朱德熙先生纪念文集》，语文出版社1993年版，第283页。

从朱德熙平时与青年人的交谈中，也能看出他极力反对那些写学术论文不顾事实、全凭想象的人。李家浩曾这样回忆1975年他与朱德熙关于楚帛书的那次谈话。在交谈中，朱德熙发表了自己对楚帛书的看法，但他认为有些地方自己还是不够明白。李家浩建议他写一篇关于楚帛书的文章，朱德熙竟说诸多问题还未弄清楚，只能选几个自己懂的来写。多年后，朱德熙将之前与李家浩谈话中的一些观点整理成文。李家浩说，与朱德熙的那次谈话给予他一定的启示："做学问要老老实实，知之为知之，不知为不知。"[1] 故李家浩日后进行古文字学的研究时，始终坚持实事求是，不故弄玄虚。朱德熙在古文字考释方面讲求方法，以事实为依据，不写自己不懂的内容，可以说朱德熙的精神和言行一直影响着李家浩。

马庆株作为朱德熙的入门弟子亦颇受朱德熙的影响。因为朱德熙身兼数职，所以他平日工作比较繁忙。看到老师工作很辛苦，马庆株便想替老师分担一些任务，于是马庆株提出可以帮老师誊写稿子。不料，朱德熙立即回道，"抄稿是最后的修改机会，还是自己抄吧。"[2] 朱德熙做研究、写文章必会躬行，抄写稿子也一样。抄稿子这件事看似简单，其实不然。抄写稿子的过程也是自我检查的过程，朱德熙抄写稿子的同时也在认真检查自己的文章，他不肯放过文章的任何细微之处。他严格要求自己，并且切实践行着求真务实的精神。马庆株从事研究工作时也讲求从事实出发，他十分"注意第一手材料的

〔1〕《朱德熙先生纪念文集》编辑小组编：《朱德熙先生纪念文集》，语文出版社1993年版，第283页。

〔2〕《朱德熙先生纪念文集》编辑小组编：《朱德熙先生纪念文集》，语文出版社1993年版，第169页。

收集，因而所得结论比较可靠，对于学科建设有积极的影响"[1]。足见朱德熙的言传身教对学生的成长意义之重。

（五）高度负责

面对繁复的教学工作，朱德熙有自己的应对方法。他在教学中积极关注学生，设计教学时以学生为主，其目的是使学生能更好地理解老师所讲的内容。并且课后朱德熙会认真分析每一项教学内容，设计教学时也会尽力符合学生的思维方式和年龄特征等。他在课堂上对于问题的提出、分析和讨论，以及举例的安排等，都是以学生能更好地领会和接受为基础。这些无不需要朱德熙背后辛苦的付出，同时也体现了他在教育教学中的高度责任感。

朱德熙的学生陆俭明曾向他请教教学的技巧，朱德熙说，重要的是从学生的角度出发去设计教学。陆俭明从中颇为受益，他在以后的工作中也是照此做的。在一次采访中陆俭明曾自谦道，尽管没有老师那样高超的水平，但是努力做到"教书心里要有学生，写文章也得心里有读者。现在很多人把文章写得大家都看不懂，这就是因为他们眼睛里没有读者，不从读者的角度去考虑。作为一名教员，应该有一种教育的责任感，眼睛里要有学生，要为学生的成长着想"[2]。不论是对学生还是对读者，陆俭明都以为他们负责为先。他这种高度的责任感是对其师良好风格的传承。

根据陆俭明的助教回忆，陆俭明不会随意变更上课的时

---

〔1〕 中国语言学会《中国现代语言学家传略》编写组：《中国现代语言学家传略》（第2卷），河北教育出版社2004年版，第890页。

〔2〕 郭九苓、漆永祥、赵国栋主编：《北大中文名师教育谈》，广西师范大学出版社2015年版，第340页。

间。有时即使需要上课前从外面赶回来，下课后还要飞往其他地方，他也不肯私自改变预定的时间。又如"每次因学生太多而换到大教室时，或者考试前，陆老师都会特意提前去一趟原来的教室，在黑板上写上通知。尽管已经至少提前通知了两次，可陆老师仍会这样做"[1]。陆俭明宁可自己辛苦，也不想让学生误课或耽误了考试。他总是站在学生的立场考虑问题，即使是教学中的零星小事他也不觉得烦琐。

在日本教学时，史有为的学生有很大一部分是跨专业考入汉语系的，无疑他们的专业基础都很薄弱。史有为不仅为这些学生讲授研究生的课程，还专门为他们补习汉语专业的基础知识。他会讲《语法讲话》《语法讲义》，也会讲一些词汇知识，甚至还讲一些注音符号的问题。那时一般情况下导师的研究辅导课两周上一次，但是史有为的辅导课却不大一样。他的学生除了在规定的时间内去找他，只要有疑惑就会随时向他求教。史有为对学生的到来并不反感，反而希望学生多提问。潘艺梅曾和他约定好了辅导的时间，结果潘艺梅忘记了，但史有为并未批评她。史有为说，只要和"学生约好了就要等学生"[2]，并且严格遵守与学生的约定。他自己从未因故不为学生上课，即使摔伤他也带病坚持。史有为自愿为学生补习，随时接待学生的来访，从不失约于学生等，这些都是他高度负责的具体表现。

"桃李不言，下自成蹊。"从上述内容可以看出，朱德熙

---

〔1〕　沈阳主编：《走向当代前沿科学的现代汉语语法研究》，商务印书馆 2013 年版，第 465 页。

〔2〕　邵敬敏等：《语言学研究的多元视野——庆祝史有为教授八十华诞文集》，商务印书馆国际有限公司 2017 年版，第 342 页。

高尚的师德和独特的人格魅力如春风化雨般感染并激励着学生不断成长。学生们不仅延续了朱德熙高尚的品德，而且继承了其所学。

二、智性方面对后学的影响

基于长期的教学和研究，朱德熙在汉语语法和古文字方面有着出众的才华，在对外汉语教学方面也有着独到的见解。他以独具特色的教学智慧使学生体会到了语言和文字独有的魅力，同时也为学生指引着前进的道路，避免学生走更多的弯路。学生在潜移默化中受到老师的熏陶，他们领会朱德熙的研究方法并将其不断深化，不断扩充研究的范围和内容，为学术界带来了新的活力。

（一）学术道路的确定

朱德熙一贯重视学习的互通性和综合性，他在学习和研究古代、近代汉语的同时还学习现代汉语方面的理论知识，同时他也重视对汉语方言的研究。他曾请少数民族语言研究所的教师开设相关课程，希望青年师生不要将现代汉语和方言分离。卢甲文是朱德熙的学生，他离开北京到河南工作前，专程去探望了朱德熙，顺便征求先生的意见。朱德熙根据自己的教学经验，为卢甲文拿出了很多国外的关于汉语方言词汇研究的书籍，并且对他说："外国人很重视汉语方言词汇研究，出了许多书，国内却重视不够，你到河南，可以因地制宜，搞搞河南方言词汇。"[1] 又因卢甲文到河南工作后，单位里也希望他

---

[1] 《朱德熙先生纪念文集》编辑小组编：《朱德熙先生纪念文集》，语文出版社 1993 年版，第 99 页。

做一些"具有河南特色的项目"，就这样，卢甲文改行开始"研究河南方言词汇了"[1]。就这样，卢甲文在朱德熙的指点之下，确定了后来工作的研究方向，走上了汉语方言的研究道路。

又如邵敬敏，他初入北京大学时怀揣着作家的梦想，不料事与愿违，他被分到了汉语专业。上课时老师讲的都是一些枯燥的语言学方面的课程而不是他喜欢的文学类课程，所以课上他经常开小差，想着如何进行文学创作的事。众所周知，兴趣是最好的老师，所以刚进入大学且酷爱文学的学生一时很难对乏味的语言学提起兴趣。而后来梦想成为作家的邵敬敏之所以心甘情愿转身投入语言学的怀抱，是由于他受到了汉语专业众多教师的教导，尤其是深受朱德熙教学的影响。他说过："朱先生为我们上《现代汉语》（二），他那雄辩的口才、缜密的推理、生动的实例、独到的见解、无与比拟的风度，同学们无不为之倾倒。我忽然发现：汉语语法研究竟然也有如此动人的魅力！……我读了一遍又一遍，不由自主地被震撼了。……打那以后，我的专业思想再也没有动摇过，我爱上了语言学专业。"[2] 因此邵敬敏认为，对他"最终走上语法研究道路影响最深的当推朱德熙先生了"[3]。邵敬敏自研究汉语语法以来，为语言学界增添了不少成果。可以说，朱德熙的教学智慧

---

〔1〕《朱德熙先生纪念文集》编辑小组编：《朱德熙先生纪念文集》，语文出版社1993年版，第99页。

〔2〕《朱德熙先生纪念文集》编辑小组编：《朱德熙先生纪念文集》，语文出版社1993年版，第153页。

〔3〕《朱德熙先生纪念文集》编辑小组编：《朱德熙先生纪念文集》，语文出版社1993年版，第153页。

使邵敬敏从对文学的热爱走向了语法研究的康庄大道。

马庆株也说，是朱德熙把他"造就成语言科学工作者"[1]。在马庆株上学期间，朱德熙经常点评他的文章。每当马庆株发现问题后，就会和朱德熙讨论，并且总能得到朱德熙的认可。马庆株写好论文后，便会交给朱德熙，朱德熙都是非常仔细地审阅。如，他把文章《时量宾语和动词的类》交给朱德熙看过后，在朱德熙的提示下他将文章作了"语义特征分析"，而后朱德熙又多次修改此文。后来朱德熙建议马庆株在会上作报告，并向《中国语文》推荐了该文。[2] 朱德熙悉心地呵护着学生的求知欲，不厌其烦地解答着学生的困惑，为学生的成长点燃灯光。在朱德熙的培养下，马庆株学到了很多语言学研究方法。后来，马庆株在语言学研究上取得了一定的成就。

总之，朱德熙的教学影响了诸多听课的学生。在他的指引和鼓舞下，学生们确定了自己的研究道路，开启了适合他们的新征程。

（二）研究方法的深化

在课上，朱德熙更多的是在传授学习和研究的方法，他常常把自己提出问题的思路、进行研究的过程、总结归纳的方法向同学们一一道出。平时辅导时，他会鼓励学生多参加一些讨论。因为在讨论的过程中，学生能够学到研究语法的方法。通过课上以及课后和老师的交流，学生可以接触到一些新的研究

---

[1]《朱德熙先生纪念文集》编辑小组编：《朱德熙先生纪念文集》，语文出版社 1993 年版，第 169 页。

[2]《朱德熙先生纪念文集》编辑小组编：《朱德熙先生纪念文集》，语文出版社 1993 年版，第 168 页。

方法，这有利于他们更快地把握研究方法的要领。

受朱德熙教学的影响，学生们连写毕业论文都会仿效朱德熙的文章。1961 年朱德熙发表了《说"的"》，文中采用了描写语言学的方法，促进了现代汉语语法研究的发展。于是同学们纷纷效仿《说"的"》中的研究方法。如朱德熙"在分析'的'字结构时，把'的'按功能分为'的$_1$''的$_2$''的$_3$'。研究'之'的同学也把'之'按功能分为'之$_1$''之$_2$''之$_3$'；研究'所'的同学也把'所'按功能分为'所$_1$''所$_2$'"[1]。1983 年史有为在语法讨论会上重新对"了"的功能进行了划分，他认为"了"除了分为"了$_1$""了$_2$"，"还应有一个'了$_3$'"[2]。学生先模仿朱德熙的研究方法，而后逐渐将其深入发展。史有为在《语言的多重性与层—核分析法》中分析了句子成分分析法和直接成分分析法的利弊，在此基础上又提出了新的方法——"层—核分析法"。层—核分析法是对前两种方法的发展，而且文章还提出了一些新的概念。

上学时孙绍振学习的是文学，他"极端害怕语言课程，但朱先生的课却例外"[3]。他先是欣赏朱德熙的课，后发展为赞赏，最后在不自觉中产生了崇拜。听朱德熙的每一堂课，他都觉得是种享受。尽管孙绍振后来没有从事语法学研究，但是他却在课上不知不觉地被朱德熙"研究问题的方法所熏陶，

〔1〕《朱德熙先生纪念文集》编辑小组编：《朱德熙先生纪念文集》，语文出版社 1993 年版，第 145 页。

〔2〕《朱德熙先生纪念文集》编辑小组编：《朱德熙先生纪念文集》，语文出版社 1993 年版，第 145 页。

〔3〕孙绍振：《满脸苍蝇》，广东旅游出版社 2002 年版，第 178 页。

受到感染"。他说，"我那些写得最好的论文，所用的方法，很大程度上，就是朱先生上课所用的。我逐渐发现，我写得最好的论文的思路，都是朱德熙式的，也就是类似剥笋壳的方式，层层自我非难，层层转折逼近的方法。"〔1〕从孙绍振的叙述中可以得知，朱德熙的研究方法深深地影响着孙绍振。孙绍振在写作和研究中传承着朱德熙式的研究方法，这也是朱德熙所希望的，他期盼学生能够领悟并掌握研究的方法，而不只是学到具体的语法知识。

在古文字研究方面，朱德熙也有自己的独到之处。他对战国文字研究颇多，而且他的古文字考释方法也很独特。他主张研究方法要博采众长，但不能随波逐流。他尤为擅长将"语言学的方法运用到古文字学研究上来"〔2〕。因为朱德熙对古文字的热爱，他时常与师友讨论古文字的考释，李家浩就是其中一位。李家浩研究古文字的方法深受朱德熙的影响，而且他"将字形、文义和文献结合起来进行研究"〔3〕。李家浩在与朱德熙交往中可谓受益匪浅，并且他在研究中不断深化古文字的考释方法。

通过以上论述可以发现，朱德熙的学生们继承了其研究方法并有所创新，他们在各自的研究领域都做出了一定的成绩。

（三）研究内容的扩展

朱德熙主要研究汉语语法和古文字，他不仅自己博学多

---

〔1〕 孙绍振：《满脸苍蝇》，广东旅游出版社 2002 年版，第 178 页。
〔2〕 《朱德熙先生纪念文集》编辑小组编：《朱德熙先生纪念文集》，语文出版社 1993 年版，第 29 页。
〔3〕 李家浩：《著名中年语言学家自选集·李家浩卷》，安徽教育出版社 2002 年版，作者简介。

闻，而且还教导学生做学问不能只执一端。他希望学生在打牢知识基础的同时也能努力拓展知识面，丰富自身的知识与能力。他平时会为学生推荐一些书刊阅读，这些书看起来似乎没有关联，但是当学生品读过后常常能恍然大悟，领会老师的一番心意。

汉藏语系是语言系的一种，中国是使用该语系语言人数最多的国家。汪大年毕业后留任北京大学东方语言系，他教的是缅甸语。但是长期以来中国对汉藏语系的研究不是很丰富，缅甸语的使用范围又较为有限，而且存在相关资料打印困难的障碍，这就使得多数出版社对该非通用语言重视不足。汪大年的相关文章也就未得到发表，他渐渐失去了信心。在参加第十五届国际汉藏语言学大会期间，他曾拜访朱德熙。朱德熙指出汉藏语系的研究意义重大，缅甸语的学习也是有用的，他的言语中流露出对汪大年的鼓励。和朱德熙谈话后，汪大年又重拾信心，开始着手进行语言的对比研究。他苦学各种语言学的知识，其后又在朱德熙的指引下加强了英语的学习。经朱德熙的引导，汪大年在语言比较方面做得有声有色。他深入缅甸语进行调查研究，编写了多部相关的教材和专著，这些都促进了汉藏语言系的发展。

史有为在汉语语法的研究中与众不同，他的代表作《呼唤柔性——汉语语法探异》收录了他关于语法的二十余篇论文。他在该书中提倡柔性，阐释了"语言的开放性、连续性、模糊性、混沌性以及非系统性、多重性、多维性"[1]。史有

---

〔1〕　陈昌来：《二十世纪的汉语语法学》，书海出版社 2002 年版，第 764 页。

为不仅研究现代汉语语法，其研究还涉及外来语、文化语言学、汉语语音、汉字改革等诸多方面。他后来又在《汉语如是观》中对语法、语音、汉字、外来语等方面做了柔性的思考和处理。《汉语如是观》在广度和深度上都对之前的汉语语法研究的内容做了一定的扩充，为汉语语法的研究拓展了新的领域。史有为另著有《异文化的使者——外来词》，主编过《成语用法大词典》《从语义信息到类型比较》等。胡裕树曾评价史有为"研究实在却又敢于创新，主攻语法而又广泛涉猎，师从一家但又博采众长"[1]。

陆俭明是朱德熙的得意门生之一，他传承了老师的语法研究，并对研究内容做了进一步的拓展。他最初主要研究现代汉语虚词的用法和意义，撰写的相关论文主要收录在《现代汉语虚词散论》中。后来他开始对口语语法进行探究，如在《汉语口语句法里的易位现象》中阐释了汉语口语中句法易位的特点，这对当时的口语句法研究具有重要的意义。陆俭明也深入研究了句法问题，主要分析了一些词的句法功能、性质以及句法结构的层次问题等。此外，他还对语法分析的方法进行了探索。他涉猎广泛，在语法界贡献卓越。

总之，朱德熙的教学智慧影响了许多后学之人。他以独特的人格魅力，陶冶着学生们的道德情操。他崇高的师德风范激励着学生成长，并且对学生的发展有着深远的影响。同时，学生在他的教学引领下领悟到了语言的美妙，并逐步确立了各自的学术方向和道路。而且他的学生也在不断深化其研究方法，

---

〔1〕 史有为：《汉语如是观》，北京语言文化大学出版社 1997 年版，序1。

拓展其研究内容，这为学术界带来了新的生机与活力。

第五节　历史经验的当代价值阐释

朱德熙凭借其教育智慧培养出一批批优秀的人才，他们不仅在各自的领域取得了可喜的成绩，为祖国贡献出自己的一份力量，而且在朱德熙的感染下，提升了个人的品行。朱德熙教育智慧的成效是十分显著的，对其教育智慧进行探究，有助于教师立足于教育实践深入钻研，有助于教师革新教育思想、积累教学经验、提升综合素养，也有助于教师在总结经验的同时形成自己的教育智慧。

一、坚守教学伦理

随着社会的日益繁荣，科技的日新月异，文化的多元共生，不同的观念和思想在激荡中产生碰撞，从而迸发出不同的声音。这些声音势必会对教师造成一定的影响，所以教师在发展的道路中要保持自己的初心，坚定为师的信仰，以淳朴的心态面对庞杂的境况，在多变的环境中坚守自我。

（一）发扬民主，拓展空间

如同西南联大的碑文所讲，老北大、老清华、老南开三所高校虽各有千秋，但与西南联大也有相同之处，那就是它们的学术气氛浓厚，在学术方面均有民主的作风。朱德熙在西南联大亲历过浓厚的学术之风，对于西南联大的学术氛围，朱德熙是十分赞扬的。而且在教学实践中，朱德熙也做到了教学民主。

朱德熙为学淡泊，他一心钻研教学和科研，不因社会风潮、权威、私利等而改变自己的教学内容和教学方式方法等。他反对教师盲目听从专家的观点或书本上的内容，故在课堂中他不赞成教师自顾授课，他选择让同学们轮流做学术报告。学生可以分享自己的研究成果也可以讲述读书心得，然后再由大家共同讨论相关问题。课后他会组织朋友、学生参加学术沙龙活动，他们会就课堂教学中的疑惑进行讨论。他倡导民主的同时也要求学生进行科学探索。他会为学生布置探究性任务，让学生在探索中前进。例如，他在"父亲的父亲的父亲"的划分上对陆俭明进行了点拨，事后陆俭明经过多次分析总结，写成了《由指人的名词自相组合造成的偏正结构》。陆俭明根据朱德熙的指导，明白了做学问不能就事论事，要跳出固有的思维，到更广阔的范围去考察问题。

当前，由于以"教师为中心"的思想长期占据人们的头脑，故有些教师教学时只依照教材或自己的观点，而学生则屈从于教师的权威，即使他们有自己的想法，也不会提出疑问。这就容易造成学生对知识和权威的盲从，他们不去思考对与错，这不利于其思维能力的提升。对此，教师可以采取不同的教学方式和教学风格，合理安排教学内容，不固守教学模式。教师要给予学生一定的自由，尊重学生的选择。上课时如遇开放性问题则不要为学生规定一个答案，还需多听学生的看法，为学生提供学习和交流的空间。教师在教学的过程中需要多启发学生思考，这样有利于调动学生学习的主动性。学生自己要学会质疑，不盲从教师和课本的权威，要勇于表达自己的观点。此外，教师进行探究性教学时，要注意师生间的平等关系。教师对学生遇到的问题进行解疑时，要指导学生探究而不是代替学生探究。而且教师要适当地为学生组织开展学习交流的活动，形成良好的学习氛围。

（二）集腋成裘，厚积薄发

朱德熙无比热爱教育事业，一直以来他都在默默提升个人的能力和素养，不为世事所累，只为潜心教育。在这种思想的指导之下，朱德熙静心学习，一步一步累积自己的学识。为此，他分外珍惜学习的机会，不肯放过零散的时间。他总是利用空暇时间加强自身知识的学习，并且将科学研究与教学相结合，为教学不断补充新的能量。正是因为朱德熙在课余时间积极学习、认真备课，他的视野才变得更开阔，科研成果突出，教学成绩喜人。

朱德熙不仅在教学和研究方面做到了脚踏实地积累知识，而且对于人才的培养他也不片面追求速度。当他指导学生时，他告诫学生为学要有原则，切不可急于求成，贪图眼前的利益。因为学习和做研究都不是一蹴而就的，所以他常督促学生要不间断地读书、搞科研，这样才能聚沙成塔。如邵敬敏说，朱德熙常敦促他读英文原著，告诫他"尽可能多读一点，细水长流，不读不行"[1]。邵敬敏按照老师的建议坚持阅读英文书刊，从而了解了国外更多的先进语法知识。日积月累的学习为邵敬敏在语法学领域绽放光彩奠定了坚实的基础。

然而目前一些教师或因个人思想松懈或因利益的诱导或因不良风气的影响等逐渐偏离了为师的标准。他们成为教师后便安于现状，教学不备课，或者只按照过去的经验教学，不再积极充实自身。也有部分教师不务实学习和教学，在金钱面前低

――――――――――

〔1〕《朱德熙先生纪念文集》编辑小组编：《朱德熙先生纪念文集》，语文出版社 1993 年版，第 155 页。

头，整天思考如何更快地获取利益，不考虑稳扎稳打地教学及培养与学生的感情。甚至有的教师为了名利违背法律法规，他们摒弃踏实学习和研究的正道，急功近利，故而进行学术造假或剽窃他人成果等。此种情况甚是危险，鉴于此，教师要像朱德熙一样坚守职业道德，并热爱自己的工作，理性对待学术和名利的问题。而且教师需要树立终身学习的观念，在点滴中积累知识，拓展视野，这样才能在教学和科研方面拥有扎实的基础，在课堂中做到游刃有余。教师在指导学生时也要告诫学生，学习没有捷径，积少成多才是学习的正确道路，也是一鸣惊人的前提。总之，作为教师自身要拒绝浮华，踏实累积学识、提升个人能力，才能厚积薄发，赢得学生和社会的尊重。

（三）克服险阻，知难而进

人生道路不会一帆风顺，教师之路也一样。在教育工作中，教师可能会遇到各种困难或挫折，有的来自学生，有的来自学校，有的来自个人家庭等。朱德熙在教学中也遭遇过一些困境，不过他面对困难不退缩，而是积极想办法解决问题、突破难关。因为他讲课广受欢迎，所以有不少外系甚至外校的人员前去听他的课。这样就加大了他的工作量，他不仅需要批改自己学生的作业，还要批阅外来听课学生的作业，课后他还要面对更多学生的提问。而对于学生提出的问题朱德熙从来都是耐心解答。他不会因为自己本就任务繁忙而阻止其他人来听课，也不会因为学生是外来听课的而拒绝回答他们的提问。在科学研究方面，他也努力克服各种困难。如，战国文字中有许多同形异字、同字异形的情况，它们中的很多字与已知的古文字之间联系不大，这就为研究带来了极大的困难，许多学者不愿涉及战国文字的研究。因而在朱德熙从事战国文字研究之前其是相对冷门的，尽管如此，朱德熙还是知难而上。他深入研究战国文字，为古文字的考释带来了崭新的面貌，他的研究同样也影响了学生。

不论是在备课还是在教学过程中，教师都会遇到不同程度的问题，不过教师要向朱德熙学习，保持良好的心态，面对困难不畏惧。当今网络发展迅速，学生可以查阅的资料越来越多，他们也会提出各式各样的问题，有些问题教师也不一定熟悉，此时教师不能因为自己不明白就阻止学生提问。教师需要投入更多的时间和精力，不仅要加强备课，精通教学内容，而且还要在课后拓展阅读的范围，广泛积累知识。这可能会为教师带来一些困难，但从另一个方面来说，这也激发了教师努力学习和工作的动力，有利于提升他们的综合能力。教师除了教学之外还要进行科学研究，教学的工作或许已经让部分教师感到疲惫，但是作为教师始终不能放弃科学研究。科学研究与教学是统一的，在教学的过程中教师依然可以通过观察和考究提出特定的问题，深入挖掘，进而通过科学研究促进教学的发展。遇到问题不可怕，关键是教师要坚定信念和意志，乐观面对。

二、教学引导的高度智性

在教学中教师不免会面对性格迥异、资质和能力等不尽相同的学生，如何让这些学生都能融入课堂就变得很棘手。这就需要教师对学生进行富有智性的引导。因为不恰当的引导可能会伤害学生学习的积极性，或者难以引起学生的兴趣，致使教学效果堪忧。

（一）教学贴合实际

语法课在许多人看来是乏味的，主要是由于他们在语法课上听到的多是一些空洞的理论知识，这些知识与他们的实际生活相去甚远。朱德熙的课堂则不同，他在课堂中常常会联系学生的生活进行教学，并且他能从日常语言现象中发现问题，进而引导学生进行剖析。如，当他讲到书写规范的时候，会以街道上常见的广告牌、标示语中的错字、别字、生造字等现象为例。又如，为了说明汉字是逐渐演化来的，他会以具体的汉字为例。当他讲"祭"字的来源时，他先在黑板上写下"祭"字。然后他说据文献记载，这个字的左边是个"月"，在"古时是块肉"，右边是个"又"，"是只手，手里拿着肉举起来祭祀神灵或祖先，这就是祭字的由来"[1]。"肉"与"手"是学生可以感知到的，而且学生对这两个字本来就很熟悉，又经朱德熙的点拨，学生能够很容易理解汉字是一步步进化而来的。朱德熙援引文献，把"月"与"肉"、"又"与"手"相联系的同时，也为课堂增添了乐趣。在教学过程中，朱德熙总是能将他的教学贴合实际，继而导入理论知识，再用理论指导学生深入学习。这就极大地激发了学生的兴致，调动起了他们学习的积极性。

然而在教学实践中，很多教师常常将教学与实际相分离。他们在讲解的过程中多专注于教材中概念性的知识，没能将它们置于社会生活的大背景下，较难引起学生的共鸣，也就不易唤起学生学习的主动性，无法锻炼学生的思维能力。部分教师通常会将概念、公式、定理等直接传授给学生，这就致使部分

---

〔1〕 吴宝三：《未名湖岁月》，北京大学出版社1998年版，第14页。

学生学习起来有困难，所以他们只能通过死记硬背识记某些知识。于是这些僵硬、刻板、散乱的知识就会无序地充斥于学生的头脑之中，而它们并不利于学生知识体系的建构。从朱德熙教学的实践经验来看，出现上述情况很大的原因是教师没能准确把握教材，没有将教学内容内化为自己的知识。而且教师自身知识储备不足，他们积累的材料有限，又无法将教学内容与已有的材料相契合，无法做到教学贴合实际。

因此教师需要不断学习，广泛涉猎，积累更多的知识。此外教师也要结合教学目标和已有的知识，对教材进行细致剖析，合理安排教学内容，将一些抽象的知识具体化、形象化和生活化。平日里教师需要细心观察，从生活中发现问题，将适合的材料引入教学之中。用生活中的实例教学能较快地吸引学生的注意力，使学生近距离接触书本中的知识，让他们对这些知识不再陌生。教学贴合生活也能激发学生课后主动探求知识，从生活中发现与学习相关的案例或情形，便于他们学以致用。

（二）切中要害，层层推理

教学切记没有重难点，否则在教学实施的过程中就容易眉毛胡子一把抓。教师分不清主次，如何指导学生高效地学习？朱德熙在讲课时总能切中要害，分析问题时极为细致，他缜密的逻辑思维征服了很多前来听课的学生。在分析问题的过程中，朱德熙注重对学生逻辑思维的引导，学生学到的是学习的方法。所以朱德熙讲课时总是能迅速吸引学生的注意力，接着他会引导学生从例句中逐层推理出结论。有时他还会提出与刚推导出来的结论相反的例句，学生就会思考这个新的问题，想办法用已知的结论解决新出现的例子。经过一番思考和讨论，学生发现推理出来的结论似乎与新的例句不相符，朱德熙此时便会告诉学生理论的适用范围是有限的，在它之外会存在一定的例外。解决完一个问题，他就会引导学生进入另一个问题，每个问题之间的衔接也很自然。

类似语法的教学看起来是枯燥的，而且有时又是复杂的。当学生理不清思路的时候，他们就容易在课上开小差。例如，有的教师认为某些问题有难度，因而他们上课时会讲述很多内容，有时因为在课上一直讲解问题，他们的声音也会变得沙哑，但即使如此，教学效果依旧不明显。其实多数情况下，这是由于教师讲课缺乏逻辑性，而且教师讲课时罗列了一堆无关的事项，致使学生未能从教师的授课内容中清晰地获取有效信息。这也就使得学生的思路混乱，难以集中注意力。结合朱德熙的教学经验，教师在授课时抓住关键性问题是必要的。教师要深入把握教学中的重要内容，同时还需在讲解的过程中富含逻辑性。因为饱含逻辑的教学能更快地帮助学生掌握教学的重点，也能培养学生的逻辑思维能力。

此外，尽管部分教师的教学具有一定的逻辑性，但是学生在课上还是跟不上教师的步伐。这就需要教师了解学生现有的经验和知识水平，根据学生的具体情况对其进行引导，在这一过程中教师要注意讲课的思维的逻辑性要符合学生的水平。如，朱德熙有次在为新生上第一堂课时，他没有漫无目的地叙述，而是通过列举生活中的事例，推导出语法中的规律。他用简单的事例，循着学生的思维水平，引导学生理解语法的规律。他既把握住首节课堂的重要问题，又不忘学生初来大学，对语言学不甚了解，因此使用符合新生水平的事例来推导语法的规律。教师在课上或课后为学生辅导时也要尽可能抓住问题的关键点，让学生掌握解决问题的方法。在讲解的过程中，教师要保持思维的连贯性，层层深入，激发学生继续学习的兴趣。

三、为教学注入美的品性

美的形式和内容各不相同，教学中也有美的存在，它是一种特殊形态的美。如果把美看成是简洁、匀称、和谐、奇异的，那么教学中的美就可以划分为"人美、活动美、物美"。其中"人美"中的"人"主要指教师和学生，"教师的美表现在语言美、仪态美、心灵美、人格美"[1]。朱德熙一生都在追求美，他在课堂中能将复杂的语法问题分析得全面且透彻，言语之间还不乏幽默诙谐。不像某些教师讲课时常将问题复杂化，本来只是讲述一个简单的道理，反而自己把握不住本质，罗列了一堆现象，使学生听得云里雾里。而朱德熙则善于运用简洁的语言一步一步地将复杂的问题简单化。其次，朱德熙在教学时也很注重仪表仪态。他上课时的言谈举止从来都是随和的，丝毫不会摆出一副傲慢的姿态。而且他积极关注学生的成长，平日里对学生也亲切自然。

心灵美和人格美在教学中亦不可忽视。朱德熙一心为国，热衷于教育事业。他真诚为学，善待他人，对学生抱以真挚的感情，为学生的成长不断付出。凡是来访的学生，他都不会拒绝，总是能够对他们的问题作出一定的解答或给予一定的指导。在课堂中如遇不清楚的问题，他不会含糊其辞，而是直接

---

〔1〕　彭道林：《论智慧、美学与教育美学》，载《湖南师范大学教育科学学报》2017 年第 4 期。

告诉学生自己要回去思考下次再讲。他严谨的治学精神深深地影响着学生。此外，他关怀学生、奖掖后学，对教学高度负责。学生在他的感染下，思想受到熏陶，心灵受到触动。朱德熙切实将心灵美和人格美贯穿于教育教学之中。

教学活动也需要创造美，朱德熙便是如此。他在教学时善于从日常中发现问题，带领学生解决问题。朱德熙能从通俗的语言现象出发，指导学生挖掘材料，化"俗"为雅，引导他们发现美、感受美、创造美。朱德熙还鼓励学生之间、师生之间的交流，因而他常在课上指导学生进行学术讨论。这样，教学活动会碰撞出更多的火花，创造出更多的美。

现实中，有些教师课前未能深入把握教学内容，讲课时总是不得要领，故表达不够简洁，让学生难以透彻理解教师要讲述的内容。由朱德熙成功的教学事例可以得知，教师要想为学生带来美的体验，需要全面了解教学内容，把握教学重点，抓住教学本质。讲课时教师运用的语言要准确简练，清晰地表达教学内容，不能为学生带来模糊甚至错误的信息。教师在表述简洁明了的基础上，还可以增强教学语言的生动性，借助生动的语言创设良好的教学情境，从而调动学生学习的积极性，促使学生参与课堂活动。

另外教师的教学举止要合宜。教师应尊重每位学生，不能因学生的生理或家庭等方面的不同而区别对待他们。在实际教学中，有些教师在面对学习能力较弱的学生时会缺乏耐心。如，当这些学生不能及时回答出教师提出的问题时，教师便会大声呵斥他们，甚至会惩罚他们。教师的此类做法既有损学生的尊严，又有失教师的风范。因此，教师教学时可以向朱德熙学习。如，对待学生亲切自然，切忌粗鲁暴躁；当学生学习遇到困难，教师需耐心启发，勿训斥谩骂。

　　除了关注语言美和仪态美，教师还需格外注重个人的品性修炼。教师的主要任务是教书育人，而育人往往是教师自身的心灵和人格对学生的塑造。然而受社会不良风气的影响，个别教师的职业认同感不高，在教学工作中出现懈怠的情况，不能直面工作中的困难。对此，教师应以朱德熙为榜样，端正教学态度。同时，教师还要不断培养自身顽强的意志，以此克服教学中遇到的问题。在教学中教师需要实事求是，从现象中揭示出具体学科的规律，使学生感受到科学美和逻辑美。总之，在教学中，教师要尽量做到以人格魅力、学识魅力、思维魅力展示美、传播美，使学生达到身心的和谐。

结 语

通过前面对陈寅恪、王瑶、朱德熙等人文学术巨子的考察，我们可以发现，教育智慧的生成绝非空穴来风，而是由来有自。其根底、源泉悄然隐藏于教育者的生命境界中。在一定意义上，我们可以说，教育智慧就是生命境界的外化。正是由于那些人文学术巨子身上蕴蓄着强烈的忧国忧民、传道济世的情怀，他们才会一致"视教书如生命"，把毕生的心力投入到教书育人的事业中去。他们不仅注重在课堂上把自己的毕生所学对学生倾囊相授，还在课外利用一切可能的机会，对学生进行孜孜不倦的教诲。这种燃烧自己、照亮学生的师者情怀，足以让他们成为师者的典范。正是因为他们既是某一学科造诣精深的专家，又是知识博通的通人，他们才会深刻认识到专家之学的局限，在确定育人目标时，不局限于培养专门人才，而是将培养视野开阔、知识博通的人才作为重要目标。正是因为他们都是思想深刻、思维敏锐的智者，他们才会把智者的心思灵巧、识见透辟、应对敏捷融化到教育实践中，在课堂上，极尽各种巧思灵慧，把静态的、僵死的知识活化为动态的、鲜活的探究过程，引导学生进入智慧流动的海洋去接受智慧的沐浴与冲击；在课外，通过看似随意的言谈，展开"形散而神不散"的漫谈，引导学生的思维向四面八方发散，使其接受智慧的熏陶和滋养。正是由于他们具有真正的人文主义者身上才有的仁爱宽厚、谦虚谨让等优秀品性，他们才会在课外与学生的交往中，完全放下师长的架子，以仁爱与宽容之心、平等之态对待学生，致使师生之间形成"亲密而纯洁"的关系。在这种"亲密而纯洁"的关系的氤氲中，他们心意相通、相互信任有加。这种情感上的亲密无间、信任有加成为教师对学生发挥影响的至关重要的力量。

　　在这些师者强烈的育人使命感的驱动下，他们在课堂上竭尽所能，将高妙的课堂教学艺术的影响力发挥到极致，不仅打开了学生心智宝库的大门，使学生成为像那些智者一样思维敏锐、思想深刻的人，能够成为将各种学科知识汇通的博通之士，还引导学生体验到特定学术领域的理性之美、进入其中的通途法门，为学生顺利踏上学术之路奠定了坚实基础。他们在课外的日常生活中，通过与学生的密切接触，建立了心意相通、信任有加的情感。这种情感作为巨大的力量，在师生之间发生了奇妙的感通作用。这就使得教师恳挚的言谈与无言的身教都自然而然地发挥着强烈的塑造作用，教师身上的美德潜移默化中成为学生身上的美好品性，使学生成为像自己老师那样的心忧天下、注重操守、仁爱宽厚、谦虚谨让、淡泊名利之人。这也正印证了著名教育家金耀基所说的，真正的品性教育"只有在一种有信赖的气氛下"，"在一个心灵与一个心灵真诚相遇时"，才有可能发生。[1]

　　综上所述，我们可以断言，教育者高远的生命境界会以不期然的方式流衍、挥洒为高妙的教育智慧，而这样的教育智慧又会作为中介，将教师的生命境界镂刻在学生身上，使学生成为教师生命境界的延续者。这种在不同生命个体之间心灵境界的延续，初看起来似乎是一种奇迹。可是，当我们洞悉了生命境界与教育智慧之间的这种微妙关联后，就不再只是对它发出啧啧之叹，而是有一种获得究竟的安然与平淡。

---

　　[1] 金耀基：《大学之理念》，生活·读书·新知三联书店2001年版，第20页。

参考文献

（一）著作

1. 陈寅恪：《金明馆丛稿二编》，上海古籍出版社 1980 年版。

2. 陈寅恪：《柳如是别传》（上册），上海古籍出版社 1980 年版。

3. 中华书局编辑部：《古文字研究》（第 2 辑），中华书局 1981 年版。

4. 汪篯著、唐长孺等编：《汪篯隋唐史论稿》，中国社会科学出版社 1984 年版。

5. 许冠三：《新史学九十年》（卷 4），香港中文大学出版社 1986 年版。

6. 北京大学校刊编辑部：《精神的魅力》，北京大学出版社 1988 年版。

7. 王永兴：《陈寅恪先生史学述略稿》，北京大学出版社 1988 年版。

8. 王竹溪编纂：《新部首大字典》，上海翻译出版公司、电子工业出版社 1988 年版。

9. 萧超然等编：《北京大学校史（1898—1949）》（增订本），北京大学出版社 1988 年版。

10. 云南省政协文史资料研究委员会等编：《云南文史资料选辑》（第 34 辑），云南人民出版社 1988 年版。

11. 《王瑶先生纪念集》编辑小组编：《王瑶先生纪念集》，天津人民出版社 1990 年版。

12. 刘述礼、黄延复编：《梅贻琦教育论著选》，人民教育出版社 1993

年版。

13. 《朱德熙先生纪念文集》编辑小组编:《朱德熙先生纪念文集》,语文出版社 1993 年版。

14. 何兆武:《历史理性批判散论》,湖南教育出版社 1994 年版。

15. 延敬理、徐行选编:《朱自清散文》（中）,中国广播电视出版社 1994 年版。

16. 陆键东:《陈寅恪的最后二十年》,生活·读书·新知三联书店 1995 年版。

17. 蒋天枢:《陈寅恪先生编年事辑》（增订本）,上海古籍出版社 1997 年版。

18. 钱理群:《世纪末的沉思》,河北人民出版社 1997 年版。

19. 史有为:《汉语如是观》,北京语言文化大学出版社 1997 年版。

20. 吴宝三:《未名湖岁月》,北京大学出版社 1998 年版。

21. 吴宓:《吴宓日记》（第 2 册:1917—1924）,生活·读书·新知三联书店 1998 年版。

22. 齐家莹编:《清华人文学科年谱》,清华大学出版社 1999 年版。

23. 王瑶:《王瑶全集》（第 1 卷）,河北教育出版社 2000 年版。

24. 王瑶:《王瑶全集》（第 6 卷）,河北教育出版社 2000 年版。

25. 王瑶:《王瑶全集》（第 7 卷）,河北教育出版社 2000 年版。

26. 王瑶:《王瑶全集》（第 8 卷）,河北教育出版社 2000 年版。

27. 吴康宁主编:《课堂教学社会学》,南京师范大学出版社 1999 年版。

28. 张杰、杨燕丽选编:《追忆陈寅恪》,社会科学文献出版社 1999 年版。

29. 戴逸:《二十世纪中国史学名著·总序》,河北教育出版社 2000 年版。

30. 钱理群等编著:《王瑶和他的世界》,河北教育出版社 2000 年版。

31. 周一良:《周一良学述》,浙江人民出版社 2000 年版。

32. 陈寅恪:《陈寅恪集:讲义及杂稿》,生活·读书·新知三联书店

2002 年版。

33. 陈寅恪:《陈寅恪集:书信集》,生活·读书·新知三联书店 2001 年版。

34. 陈寅恪:《陈寅恪集:金明馆丛稿二编》,生活·读书·新知三联书店 2001 年版。

35. 袁毓林编:《朱德熙选集》,东北师范大学出版社 2001 年版。

36. 陈昌来:《二十世纪的汉语语法学》,书海出版社 2002 年版。

37. 李家浩:《著名中年语言学家自选集·李家浩卷》,安徽教育出版社 2002 年版。

38. 刘梦溪主编:《中国现代学术经典:陈寅恪卷》,河北教育出版社 2002 年版。

39. 孙绍振:《满脸苍蝇》,广东旅游出版社 2002 年版。

40. 朱浩熙:《蒋天枢传》,作家出版社 2002 年版。

41. 周启锐编:《载物集:周一良先生的学术与人生》,清华大学出版社 2003 年版。

42. 蔡鸿生:《仰望陈寅恪》,中华书局 2004 年版。

43. 中国语言学会《中国现代语言学家传略》编写组编:《中国现代语言学家传略》(第 2 卷),河北教育出版社 2004 年版。

44. 汪荣祖:《史家陈寅恪传》,北京大学出版社 2005 年版。

45. 王川:《学界泰斗:陈寅恪》,广东人民出版社 2006 年版。

46. 陈平原:《学者的人间情怀——跨世纪的文化选择》,生活·读书·新知三联书店 2007 年版。

47. 何孔敬:《长相思:朱德熙其人》,中华书局 2007 年版。

48. 两校名师讲堂编委会编:《北大清华名师演讲录(二)》,北京大学出版社 2007 年版。

49. 钱理群:《我的精神自传》,广西师范大学出版社 2007 年版。

50. 万绳楠整理:《陈寅恪魏晋南北朝史讲演录》,贵州人民出版社 2007 年版。

51. 钱理群主编：《寻找北大》，中国长安出版社 2008 年版。

52. 钱理群：《致青年朋友：钱理群演讲、书信集》，中国长安出版社 2008 年版。

53. 王喜旺：《学术与教育互动：西南联大历史时空中的观照》，山西教育出版社 2008 年版。

54. 北京外国语大学欧洲语言文化学院编：《欧洲语言文化研究》（第 5 辑），时事出版社 2009 年版。

55. 燕国材主编：《中外心理学比较思想史》（第 1 卷），上海教育出版社 2008 年版。

56. 周一良：《书生本色：周一良随笔》，北京大学出版社 2009 年版。

57. 沈阳主编：《走向当代前沿科学的现代汉语语法研究》，商务印书馆 2013 年版。

58. 张西平、柳若梅编：《国际汉语教育史研究》，商务印书馆 2014 年版。

59. 赵锋：《民国教育》，山西教育出版社 2015 年版。

60. 郭九苓、漆永祥、赵国栋主编：《北大中文名师教育谈》，广西师范大学出版社 2015 年版。

61. 邵敬敏等：《语言学研究的多元视野——庆祝史有为教授八十华诞文集》，商务印书馆国际有限公司 2017 年版。

62. 李行健、陈大庆、吕桂申编：《吕叔湘论语文教育》，河南教育出版社 1995 年版。

（二）期刊文章

1. 贺麟：《学术与政治》，载《当代评论》1941 年第 16 期。

2. 朱德熙：《悼念王力师》，载《语文研究》1986 年第 3 期。

3. 王晓明：《更为艰难的选择　读赵园〈艰难的选择〉》，载《读书》1987 年第 6 期。

4. 吴怀祺：《追寻深义文化的底蕴——访周一良教授》，载《史学史研究》1988 年第 3 期。

5. 龚志聪：《不要宽容自己——朱德熙教授谈写作》，载《新闻知识》1989年第4期。

6. 江林昌：《〈切韵〉系统诸韵书的复活——读姜亮夫先生〈瀛涯敦煌韵书卷子考释〉》，载《中国图书评论》1992年第6期。

7. 林焘：《敏锐、严谨、创新——为朱德熙兄逝世一周年作》，载《中国语文》1993年第4期。

8. 施光亨：《他的功业在书上也在人们心中——纪念朱德熙先生逝世一周年》，载《语言教学与研究》1993年第3期。

9. 朱林清：《试评朱德熙先生的汉语语法研究》，载《南京师大学报（社会科学版）》1993年第3期。

10. 马庆株：《我的导师朱德熙先生》，载《语文建设》1994年第2期。

11. 孙玉石：《王瑶的中国文学史研究方法论断想——以〈中古文学史论〉为中心》，载《中国文化研究》1995年第4期。

12. 陈正宏：《蒋天枢先生与〈陈寅恪文集〉》，载《中国典籍与文化》1996年第1期。

13. 唐振常：《卓荦孤怀身殉道——〈陈寅恪最后的二十年〉读后》，载《史林》1996年第3期。

14. 傅璇琮：《独立不阿的人品　沉潜考索的学风——纪念邓广铭先生》，载《中国文化研究》1998年第3期。

15. 杨义：《中国现代学术方法通论（五）——贯通效应》，载《海南师院学报》1998年第4期。

16. 赵杰：《一位奉献不止的语言哲人——悼叶蜚声师》，载《语文建设》1998年第12期。

17. 刘浦江：《不仅是为了纪念》，载《读书》1999年第3期。

18. 吴小如：《"一笑泯恩仇"与"一个都不宽恕"》，载《世纪行》1999年第1期。

19. 夏中义：《清华薪火的百年明灭——谒王瑶书》，载《当代作家评论》2000年第2期。

20. 胡铭心：《执着的追求者——记民进湖北省委会名誉主委石泉同志》，载《湖北文史资料》2002 年第 1 期。

21. 王学信：《永远的陈寅恪》，载《海内与海外》2002 年第 11 期。

22. 王晓秋：《人格的魅力》，载《群言》2002 年第 10 期。

23. 熊月之：《文史两栖一通才——悼念唐振常先生》，载《百年潮》2002 年第 3 期。

24. 温儒敏：《王瑶的〈中国新文学史稿〉与现代文学学科的建立》，载《文学评论》2003 年第 1 期。

25. 刘浦江：《正视陈寅恪》，载《读书》2004 年第 2 期。

26. 向燕南、杨树坤：《试析陈寅恪晚年"著书唯剩颂红妆"的原因》，载《商丘师范学院学报》2004 年第 3 期。

27. 葛剑雄：《真正的学者》，载《中国历史地理论丛》2005 年第 3 期。

28. 李璜：《悼念罗香林先生》，载《兴宁文史》1989 年第 13 辑。

29. 夏中义、周兴华：《论陈平原的"学人角色自觉"》，载《华东师范大学学报（哲学社会科学版）》2005 年第 1 期。

30. 林玉山：《论朱德熙的语法思想》，载《福建师大福清分校学报》2006 年第 4 期。

31. 林东海：《师德风规——记蒋天枢先生》，载《世界》2006 年第 8 期。

32. 刘梦溪：《陈寅恪的"自由"与"哀伤"》，载《银行家》2007 年第 9 期。

33. 钱理群：《"无为而治"的北大教授王瑶》，载《文史博览》2007 年第 5 期。

34. 散木：《文史大师姜亮夫》，载《书屋》2007 年第 8 期。

35. 叶澜：《智慧从容　大气恢宏》，载《中国教育学刊》2007 年第 10 期。

36. 陈希：《政治与学术话语的交织变奏——王瑶和他的〈中国新文学史稿〉》，载《中山大学研究生学刊（社会科学版）》2001 年第 4 期。

37. 洪子诚：《当代文学史教学及其他》，载《海南师范大学学报（社会科学版）》2009 年第 1 期。

38. 蒋绍愚、吴世英：《诲人不倦　薪火相传——蒋绍愚教授访谈》，载《中国大学教学》2009 年第 8 期。

39. 李幼斌：《一管书生如椽笔　高扬大师治学魂——〈陈寅恪的最后二十年〉等读后》，载《人力资源管理（学术版）》2009 年第 11 期。

40. 《邓广铭：半个世纪四写王安石》，载《今传媒》2010 年第 6 期。

41. 符本清：《严耕望评史学家陈寅恪、陈垣》，载《书屋》2010 年第 8 期。

42. 胡喜云：《数十载融会贯通　曾几番启路辟航——周一良先生对魏晋南北朝史学的研究》，载《北京行政学院学报》2010 年第 2 期。

43. 黎虎：《我与周一良的"大百科"缘》，载《博览群书》2010 年第 1 期。

44. 王宏治：《与天壤同久　共三光永光——追忆王永兴先生》，载《文史知识》2010 年第 4 期。

45. 阎步克：《怀念王永兴先生》，载《文史知识》2010 年第 4 期。

46. 洪子诚：《历史经验的重量——往事随感三则》，载《西部》2011 年第 1 期。

47. 侯精一：《朱德熙先生在汉语方言研究上的贡献》，载《语文研究》2011 年第 2 期。

48. 吴洪富：《国内教学与科研关系研究的历史脉络》，载《江苏高教》2011 年第 1 期。

49. 彭道林：《论智慧、美学与教育美学》，载《湖南师范大学教育科学学报》2017 年第 4 期。

（三）报纸文章

1. 查志华：《一个高尚的学者——记复旦大学中文系蒋天枢教授》，载《解放日报》1982 年 3 月 5 日。

2. 黄萱：《怀念陈寅恪教授》，载《温州读书报》2001 年 10 月 22 日。

3. 孟宪实：《新发现的陈寅恪书信》，载《光明日报》2005 年 11 月 8 日。

4. 李萍：《希望全世界都能领略汉语的美妙》，载《深圳特区报》2016 年 1 月 13 日，第 B05 版。

（四）网络资源

1. 孔庆东：《钱理群的三个忧虑》，载新浪博客：http：//blog. sina. com. cn/kongqd，最后访问日期：2008 年 4 月 19 日。

2. 李赋宁：《怀念一位已故社友——王竹溪先生》，载 http：//www. bj93. gov. cn/jsrw/ljld/201302/t20130221_215062. htm。

后　记

这本著作看起来似乎平淡无奇，却是我和我的学生们近十年来专注于研究处于边缘地带的、富有教育智慧的教育者，探索他们的教育智慧的成果。虽然由于种种原因，未能在此把探索的全貌反映出来，但其主旨、思路、方法、主要观点基本上都被囊括其中了。

对于我来说，这还是一部具有里程碑意义的著作。我以前出版的所有著作，都是个人独立完成的。这里奉献给读者诸君的，是第一本由我和几位年轻研究者共同劳作的结晶。因此，如果要感谢的话，我首先要感谢的是黄冈师范学院教育学院的张彩霞、石家庄韩通优等生教育中心的刘琦瑜、唐山师范学院玉田分校的张颖，她们都是我以前指导的研究生。本书除前言、第一章、结语、后记是我撰写的外，其余部分都是他们负责撰写的。其中，张彩霞撰写了第二章，刘琦瑜撰写了第三章、张颖撰写了第四章。没有我指导下的他们的艰辛劳作，这本书的面世肯定是不可能的。

我在此还要感谢的是朱文富教授，如果没有他的关怀、支持，这本书的面世可能是遥遥无期的。另外，吴洪成教授、秦玉清博士作为中国教育史方向的导师，在这本书的前期酝酿过程中，也不无提点、督促之功，感谢他们！是为后记。

王喜旺

2019 年 7 月 20 日

志于山西老宅